みるみるほうれい線が消える！

奇跡の若返り

7日間プログラム

整体師 かず先生

KADOKAWA

セルフケアでもここまで変わる！

え、え
動画から
出て
きた!?
本物？
ギェーッ
ほうれい線や
顔のしわ、
たるみが
気になるなら、
「奇跡の若返り
プログラム」を
一緒に試して
みませんか？
ドローン
本物
でーす
じつは……
顔のマッサージや
美顔器なんかも
試してみたけど、
あまり効果
なかったん
ですよね……
すでに
いろいろ
試してる…
うんうん
顔のたるみが
気になると、
みなさん一生懸命
〝顔〟をマッサージ
しますよね
でもたるみの大本は、
じつは姿勢の悪さ
なんですよ
ピシッ
え!?
猫背
そうなん
ですか!?

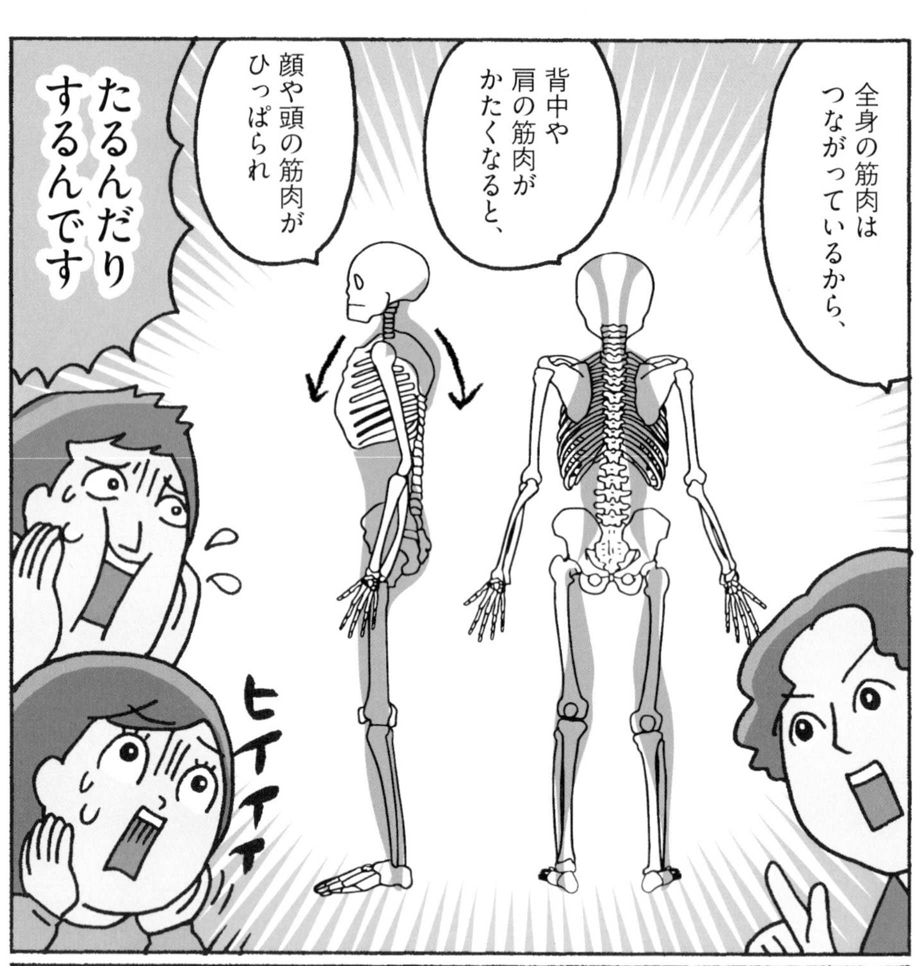
全身の筋肉はつながっているから、
背中や肩の筋肉がかたくなると、
顔や頭の筋肉がひっぱられ
たるんだりするんです
ヒイィィ

だから、しわやたるみの改善には、まず姿勢から！
HONE!
意外ー!!

私はSNSに若返りに効果があるマッサージやストレッチの動画を投稿していますが、初投稿から現在で、見た目はこんなに変化しました
Before
After
つるーん
全然ちがう!
若くなってる!
継続すればこんなに効果があるんです!
YES
でも続けるのって難しいし、めんどくさい……
ぶっちゃけ……
うんうん
その気持ちもわかります
なのでまずは7日間!
1週間
7日間ならできるかも!
さあ一緒に若返りプログラムにトライしてみましょう
オー!!
GO

これができない人は要注意!

老化セルフチェック

知らず知らずのうちに筋肉がこりかたまっているという人は多いです。指定の動作がきちんとできているか、鏡を見ながら自分でチェックしてみてください。

腕を肩の高さまで上げて ひじを90度に曲げる

両腕を肩の高さまで上げて、ひじを90度に曲げる。このとき、手のひらは外側を向くように。

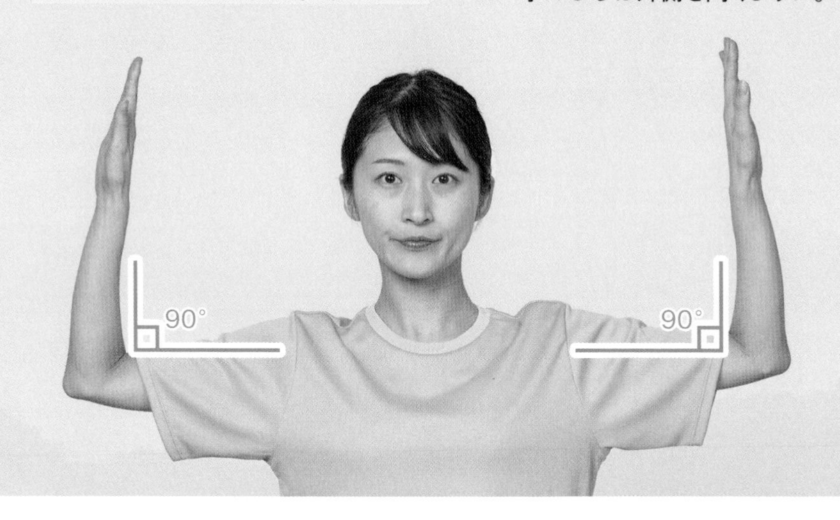

NGポイント

この体勢がしづらいという人は、胸、脇の筋肉がかたまり、背中、肩甲骨辺りの筋肉を、普段うまく使えていません。そうなると姿勢が悪くなり、顔のたるみにもつながります。

CHECK 02

タコの口をつくり口を左右に動かす

唇をすぼめて突き出すようにしたら、その状態をキープしたまま、唇を左右に動かす。

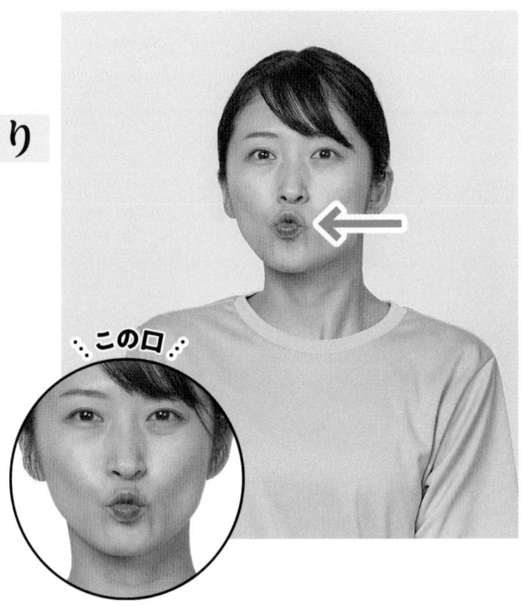

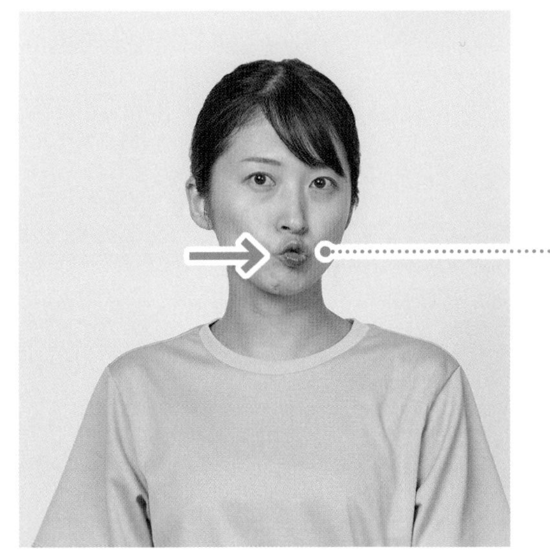

POINT!

顔を動かさず口だけを動かすように

NGポイント

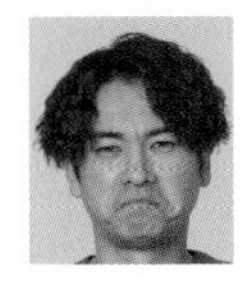

この動作がしづらいという人は、口のまわりにある口輪筋(こうりんきん)が弱っている可能性が！　この筋肉が弱ると、ほうれい線やたるみなどにつながります。

CHECK 03

指を目の下に当て目を閉じる

指を目の下に当てて、指を置いたほうの目をウインクするように閉じる。このとき、なるべく上まぶたは動かさず、下まぶたを引き上げて閉じるように。

POINT!
指で筋肉が引き上がるのを確認して

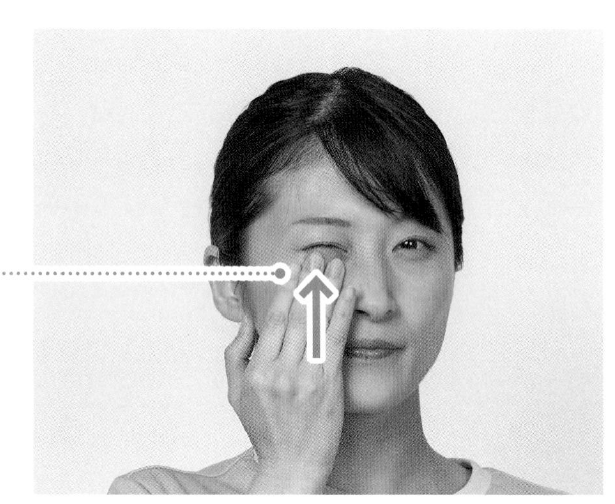

NGポイント

下まぶたを動かしにくい人は、目のまわりにある眼輪筋(がんりんきん)が弱っている可能性が！　この筋肉が弱ると、目の下のたるみやしわにつながります。

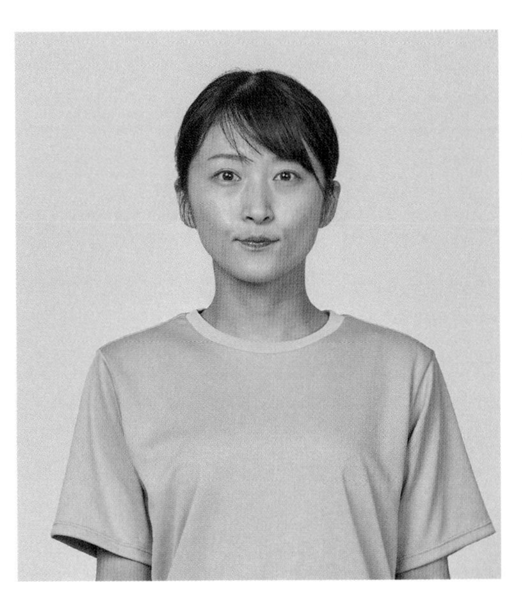

CHECK 04

首を左右に倒す

正面を向いて首を左右に倒す。

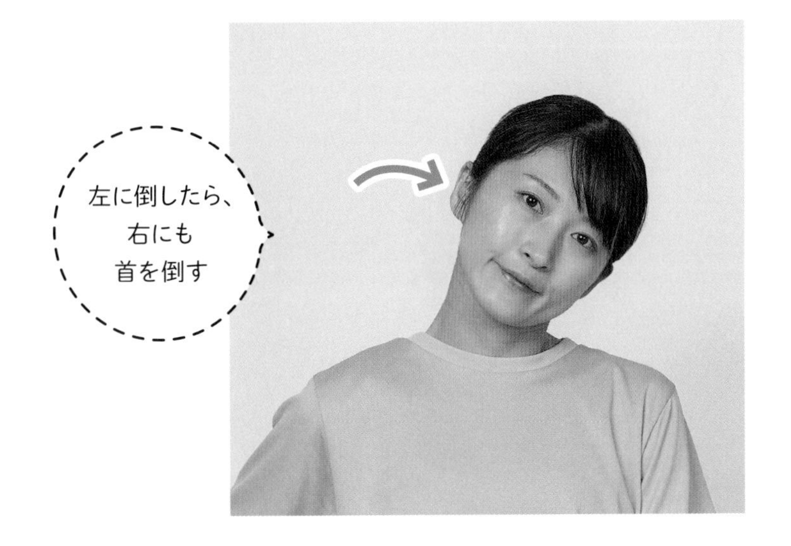

NGポイント

首を倒したときに、倒しにくい、もしくはつっぱる感覚がある場合は、首の筋肉がかたまっています。自覚がなくても全然傾いていないこともあるので、しっかり鏡でチェック!

ほうれい線を秒で撃退！

咬筋剥がし

あごの外側にある咬筋を剥がし、ほぐすことで、ほうれい線、顔のたるみ、マリオネットラインがみるみる消えていきます。そのほか、歯ぎしりや顎関節症の改善の効果も見込めます。

1 口を半開きにして咬筋をつまむ

口を半開きにした状態で、左手で右の咬筋をつまむ。親指は頬骨の下、人差し指はあごの骨のつけ根辺りに。

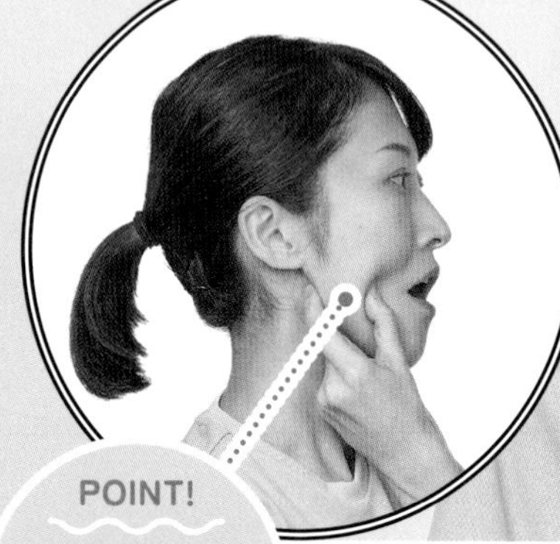

POINT!
この辺りを指でしっかりつかむ

2

手を前後に動かす

1の状態をキープしたまま、手ごと前後に動かし、咬筋を剥がす。

Instagram 155万再生超！

目の下のたるみ・クマを一掃！

頬骨筋剥がし

(きょうこつきんはがし)

頬を上げるときに使われる頬骨筋を剥がし、ほぐすことで、目の下のたるみやクマがあっという間に消えていきます。やったあとは明らかに目が開きやすくなるので、ぜひ試してみてください。

1

目の下をつまみ上に持ち上げる

親指と人差し指を使って、目の下を軽くつまむ。そのまま少し上に持ち上げる。

2

持ち上げながら左右にゆする

1の状態をキープしたまま、手ごと左右に動かし頬骨筋を剥がす。

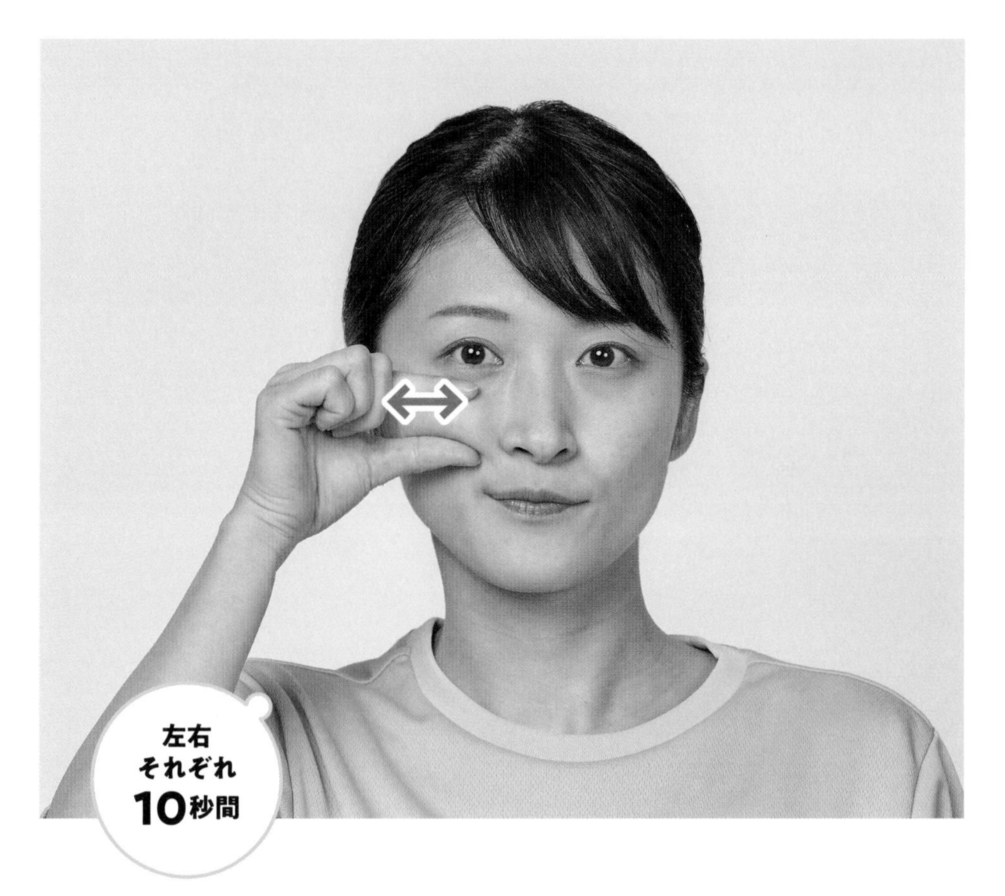

Instagram
250万
再生超！

たるみだけでなく視界もすっきり！

皺眉筋（しゅうびきん）ほぐし

眉頭にある皺眉筋をほぐします。やったあとはまぶたのたるみ、重みが目に見えて改善されるだけでなく、視界もすっきりし、老眼にも効果が期待できます。

1

眉頭のくぼみを親指で押す

眉頭のくぼみに親指を置き、グーッと上に押し上げながら下を向く。

左右
それぞれ
10秒間

2

人差し指で眉毛を なぞるようにマッサージ

曲げた人差し指を使って、眉毛をなぞるようにマッサージする。眉頭から外側へなぞり、老廃物を流す。

若返りセルフケア驚きの効果!

SNSで発信している、マッサージやストレッチなどの若返りセルフケアの動画のコメントには、1回でほうれい線が薄くなった、片方だけ試したら明らかに片側だけ顔がシュッとしたなど、即効性を喜ぶ声が多く寄せられます。また、肩や首のこりがすっきりした、腕が回しやすくなったという声も。

若返りセルフケアをもとに、より効果が得られるよう構成したのが本書で紹介する7日間の「奇跡の若返りプログラム」です。ぜひトライしてみてください。

『1回でほうれい線が薄くなった』

『口角が上がった』

『フェイスラインがシャープになった』

『自分の顔が好きになった』

『肩や首も楽になり一石二鳥です』

みるみるほうれい線が消える！

奇跡の若返り7日間プログラム

CONTENTS

3日目

スルスル血流をよくする！リンパ流し

4日目

これで表情筋もばっちり！神マッサージ①

5日目

ほぐして鍛える！表情筋マッサージ②

6日目

ウキッと楽しく変顔トレーニング

7日目

奇跡の若返りマッサージ仕上げ

Q&A

この本の使い方

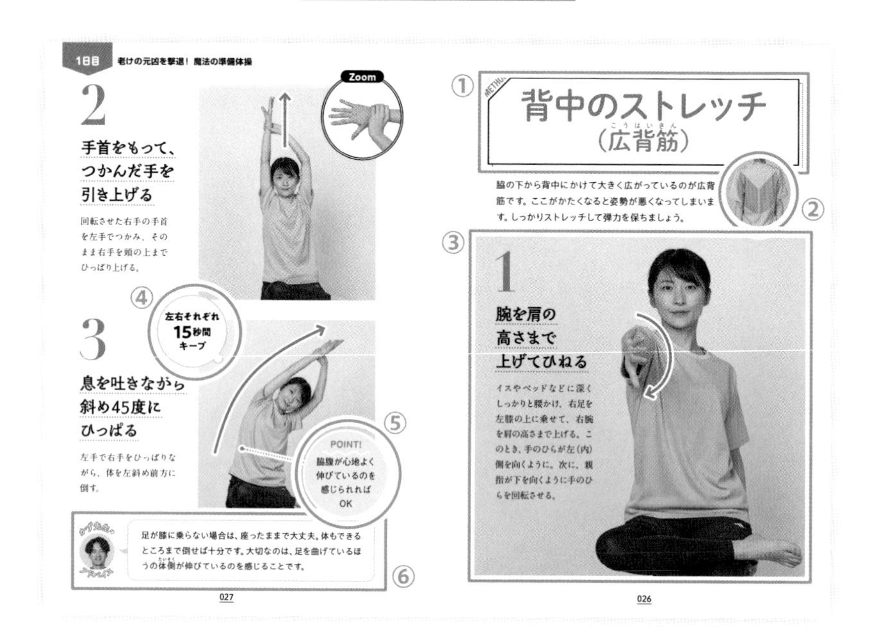

①ストレッチ、トレーニングの名称

そのページで紹介するストレッチやトレーニングなどがどんなものか、また、伸びる筋肉や鍛えられる筋肉の名称を示しています。

②伸びる・鍛えられる筋肉

そのページで紹介するストレッチやトレーニングで伸びる筋肉や鍛えられる筋肉の場所を示しています。

③ストレッチやトレーニングの手順

番号順にストレッチやトレーニングの手順を解説しています。

④実施時間、回数

紹介しているストレッチやトレーニングの実施時間と回数を示しています。

⑤ポイント

紹介しているストレッチやトレーニングを行ううえでの、ワンポイントを示しています。

⑥かず先生のアドバイス

紹介しているストレッチやトレーニングを行ううえでの、かず先生からのアドバイスを示しています。

1日目

老けの元凶を撃退！魔法の準備体操

老けの元凶！猫背を撃退

1日目は、まず姿勢の矯正からやっていきましょう！
はい！
エイエイオーッ
ちょっと心配…
私ずーっと猫背なんだよね～
さっきもいいましたが、猫背が顔のたるみやしわの原因になっていることがあります
イーン
猫背さん
ギクッ
猫背になると頭が前に突き出て、首の負担が大きくなります
首
重ーっ

そうなると
首の筋肉が
かたくなって、
顔の筋肉をひっぱり、
顔がどんどん
たるんでいくんです
BULL
DOG
どーーん
ナーン
イヤアア
ひえ～！
助けて先生ー！

大丈夫！
ピーン
1日目で紹介する
マッサージや
ストレッチを
行えば、
整体に行ったくらい
体がすっきりして、
背筋が伸びますよ！

やって
みよう！
長年の猫背と
ついにおさらば
できる⁉
どうか
ニャー？

胸のストレッチ（大胸筋）

（だいきょうきん）

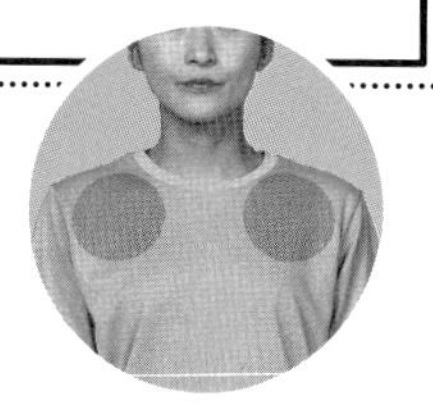

上半身のなかでも、とくに大きな大胸筋のストレッチからスタートしていきましょう。大きな筋肉を動かすと基礎代謝量を上げることにもつながります。

胸の筋肉をガシッとつかむ

右手で左の脇の辺りをつかむ。腕を動かしたときに動く大胸筋を探す。

POINT!

わかりにくければとにかく脇をガシッとつかめばOK！

2

つかんだ筋肉を手前にひっぱる

脇をつかんだまま、体の内側に向かって大胸筋を軽くひっぱる。

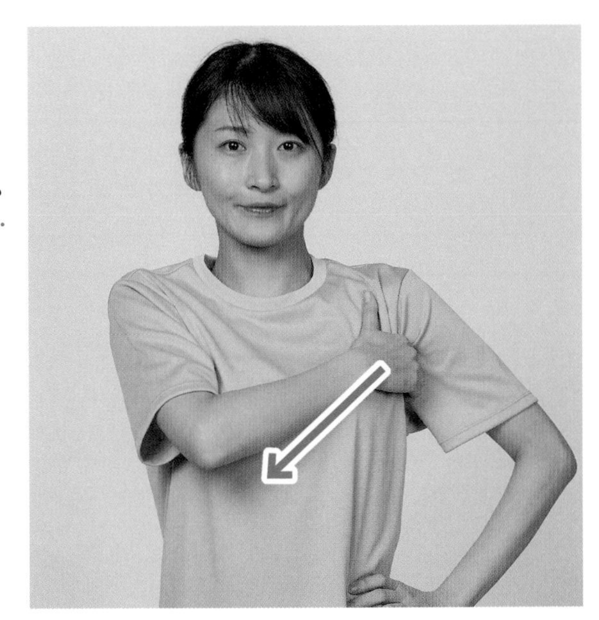

3

肩に手を置いて手前から後ろに向かって回す

2の状態をキープしたまま、左手を肩に置き、ひじで大きな円を描くイメージで腕を大きく回す。

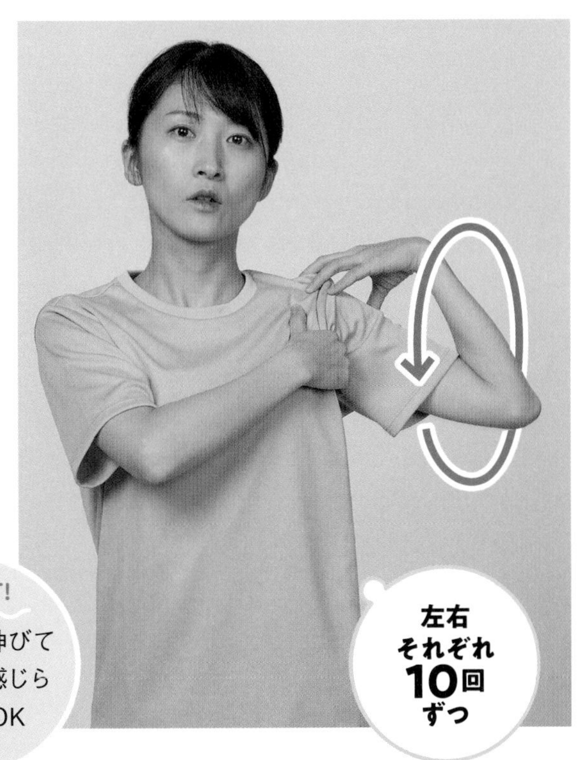

POINT!
大胸筋が伸びているのを感じられればOK

左右それぞれ10回ずつ

背中のストレッチ（広背筋）

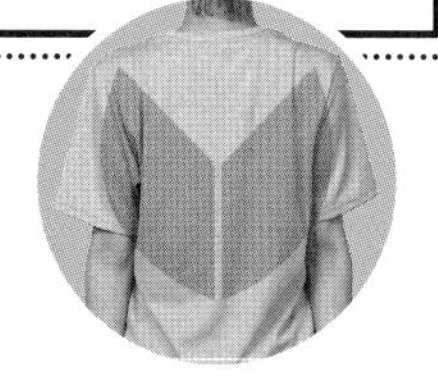

脇の下から背中にかけて大きく広がっているのが広背筋です。ここがかたくなると姿勢が悪くなってしまいます。しっかりストレッチして弾力を保ちましょう。

1 腕を肩の高さまで上げてひねる

イスやベッドなどに深くしっかりと腰かけ、右足を左膝の上に乗せて、右腕を肩の高さまで上げる。このとき、手のひらが左（内）側を向くように。次に、親指が下を向くように手のひらを回転させる。

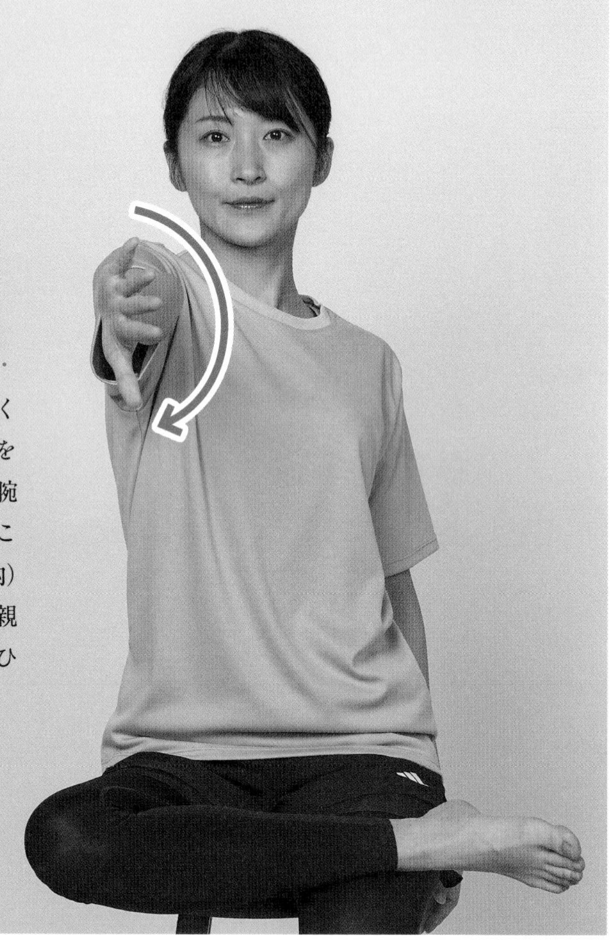

2

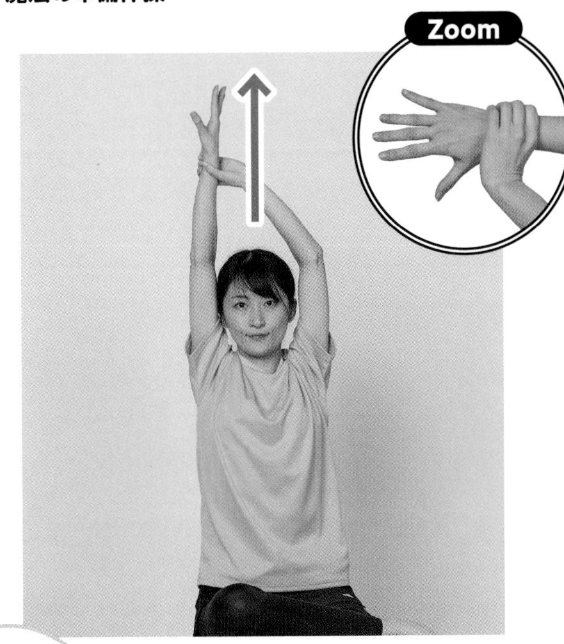

手首をもって、つかんだ手を引き上げる

回転させた右手の手首を左手でつかみ、そのまま右手を頭の上までひっぱり上げる。

3

息を吐きながら斜め45度にひっぱる

左手で右手をひっぱりながら、体を左斜め前方に倒す。

足が膝に乗らない場合は、座ったままで大丈夫。体もできるところまで倒せば十分です。大切なのは、足を曲げているほうの体側（たいそく）が伸びているのを感じることです。

腕の内側のストレッチ（前腕屈筋群）

ぜんわんくっきんぐん

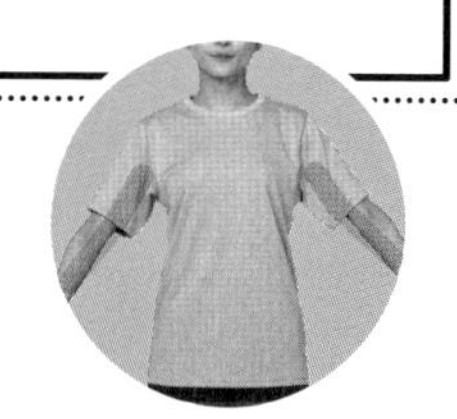

腕の内側の筋肉をしっかり伸ばしましょう。深呼吸をしながら、ゆっくりじんわり行うのがポイントです。このストレッチは肩こり改善にも効果があります。

1 右腕を上げて大きくひねる

手のひらを上に向けて腕を肩の高さまで上げたら、そのまま背中側に大きくひねる。

2

手首を外側に返す

手のひらが外を向くように手首を返す。

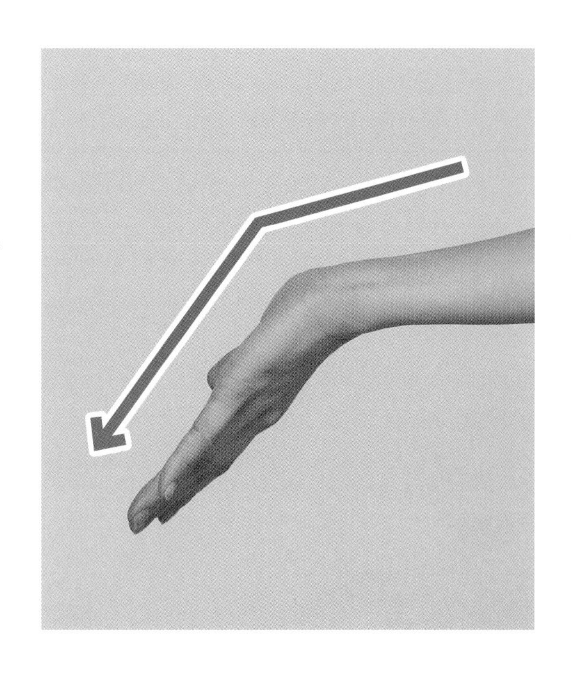

3

腕と反対方向に首をねじる

顔が左を向くように、首をねじる。このとき、右腕は反対側にひっぱるイメージで。

METHOD

親指のつけ根ほぐし（母指球筋）

ビンのフタを開けたり、洗濯バサミをつまんだり、家事などで意外とよく使っている母指球筋。しっかりマッサージしてゆるめていきましょう。

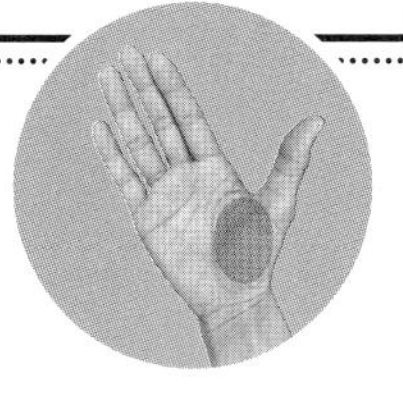

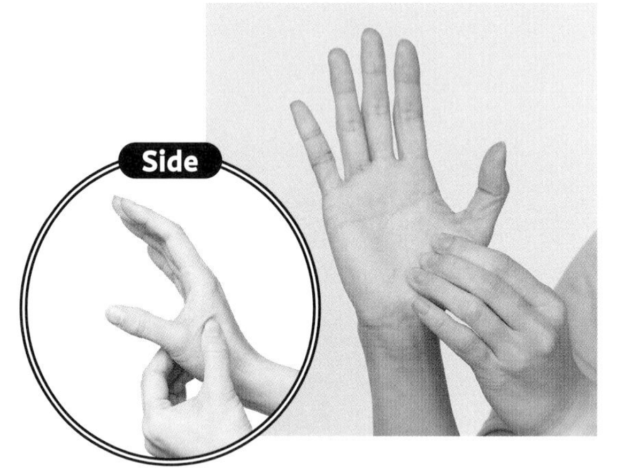

1 母指球筋に指を添える

右手の親指の下の膨らんでいる部分に、左手の人差し指、中指、薬指を置く。親指はその真裏にあるくぼみに添える。

2 母指球筋をつかみ前後に動かす

左手にギュッと力を入れて母指球筋をつかみ、つかんだ手を前後に動かしながらマッサージする。

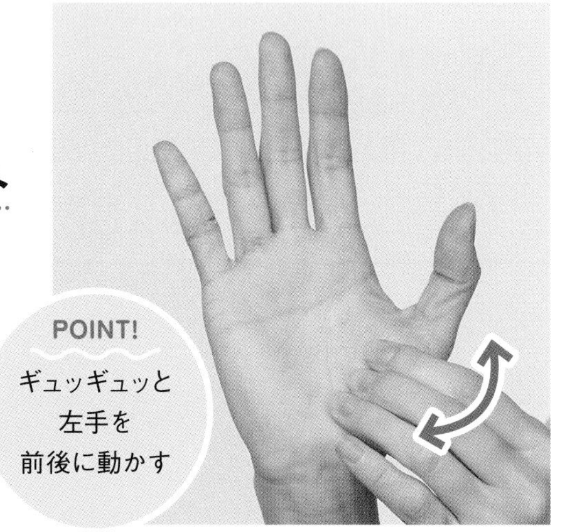

POINT!
ギュッギュッと
左手を
前後に動かす

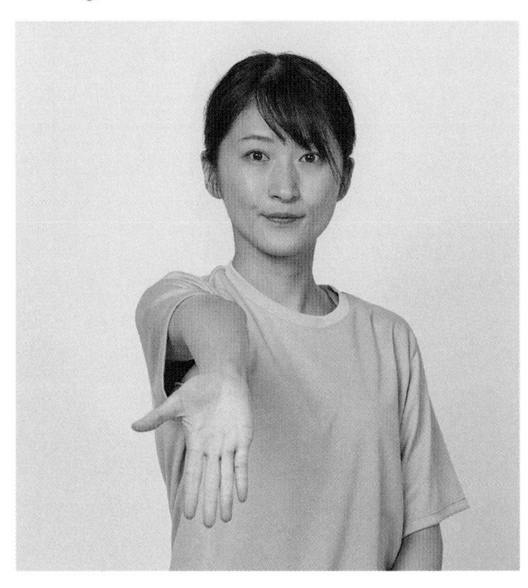

3

腕を肩の高さまで上げて手首を返す

右腕を肩の高さまで上げ、手のひらが前を向くように手首を返す。

4

親指をつかみ自分のほうへひっぱる

左手で親指を下からつかみ、親指を自分のほうへゆっくりとひっぱる。

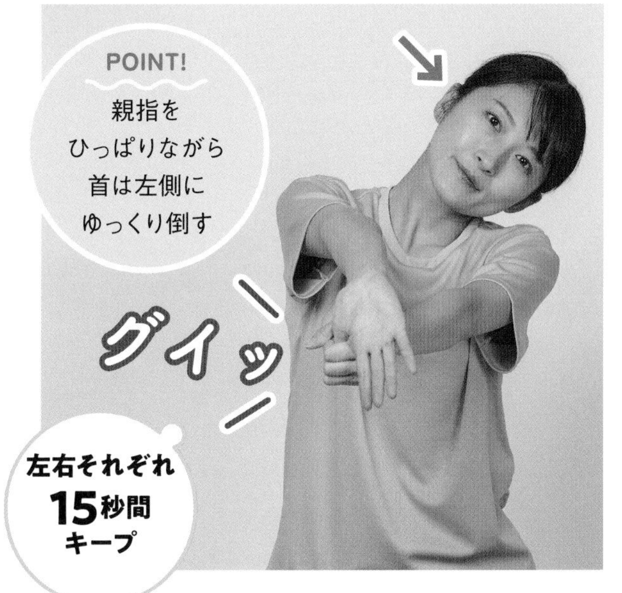

筋肉をマッサージしてゆるめてから伸ばすことで、より効果がアップします！　親指をひっぱるときは、無理しないこと。腕の内側から首筋にかけて、じんわりと伸ばせばOKです。

腕の外側のストレッチ（腕橈骨筋）

（わんとうこつきん）

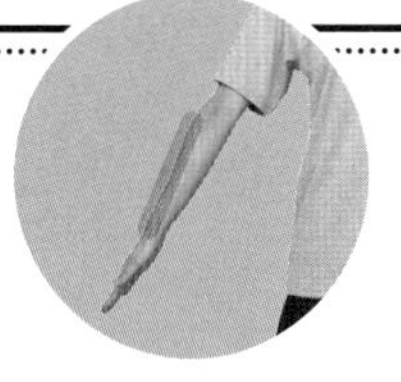

顔につながる首や肩の筋肉をゆるめるために、前腕の外側にある腕橈骨筋をほぐしていきます。簡単なエクササイズですが、効果は絶大です。

1 右腕を肩の高さまで上げる

親指をなかにしまうようにして拳をつくり、右腕を肩の高さまで上げる。

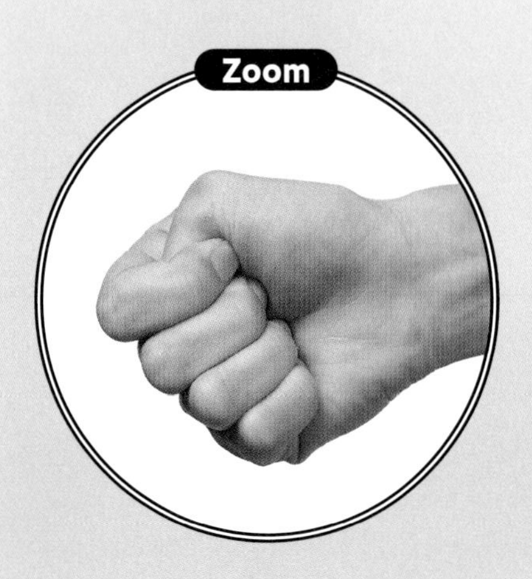

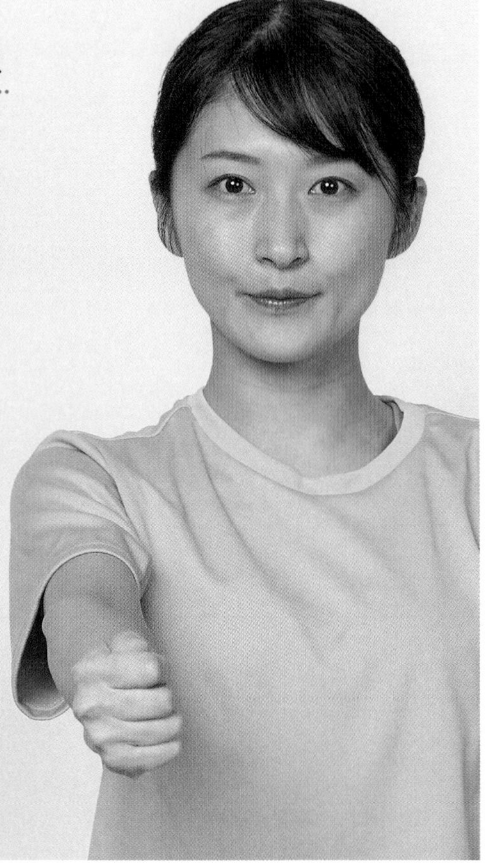

左右それぞれ
15秒間
キープ

2

手首を返して拳を下へ向ける

腕の位置は変えないようにしながら、手首を返して、拳を下に向ける。

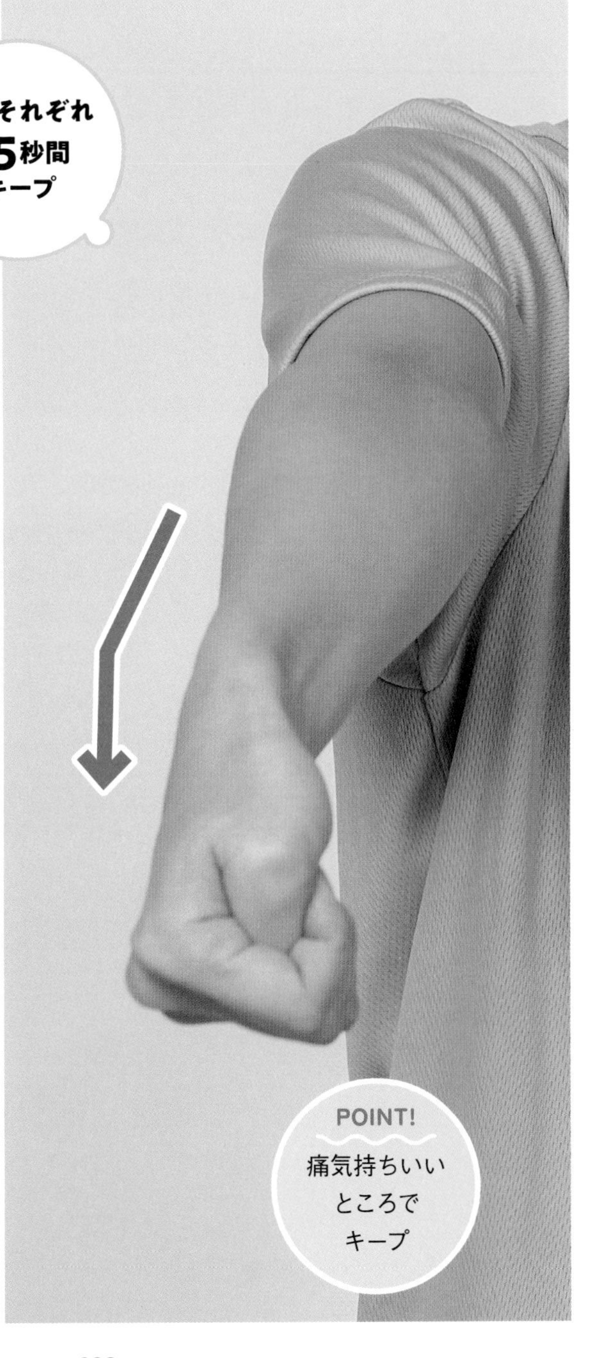

POINT!
痛気持ちいいところでキープ

ここをゆるめると、首こりや肩こり改善にも効果的です。

自分の顔や体の変化をじっくり観察して

まずは1日目のプログラム終了です。やってみてどうでしたか？　「意外と簡単」「けっこうきつい」など、人によって感想が分かれそうですね。

7日間とはいえ、続けるのはなかなかハードルが高いという人もいるでしょう。継続するためのモチベーションとなるのが、目に見える変化です。ほうれい線が薄くなった、顔が引き締まったと実感できれば、続けたいという気持ちになるはず。そのために、今日の自分の顔や姿勢を写真に収めておきましょう。そしてのちに見比べ、変化を確認してみてください。驚きますよ。

2日目

たるみ解消!
肩・首・あごを整える

1つずつ原因を解消していこう！

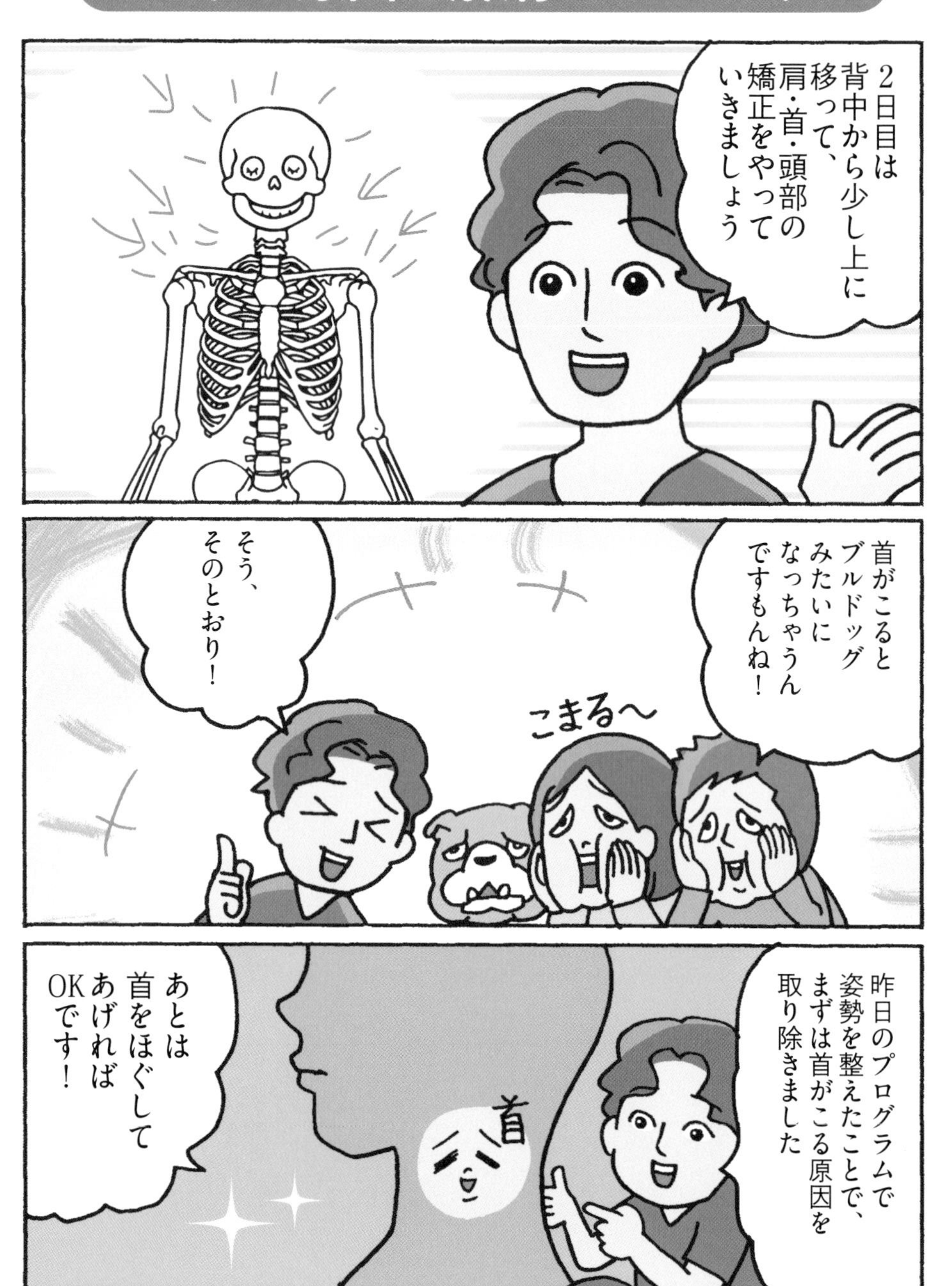

こうやって
1つずつ
たるみの原因を
解消して
いくんですね
あ～早く効果
出ないかな～～！
早く効果を
出したいという
気持ちも
わかりますが、
根源を
絶たないと
結局は意味が
ありません
根源
あなたいつも
近道しようとして
遠回りに
なるじゃない
ごもっともです……
今回のプログラムは
行う順番にも
意味があるので、
スキップせず、
順番どおり
地道にやって
いきましょうね
一歩
一歩！
ヤング
はい
先生！

あご下の筋肉ほぐし（広頸筋）

あご下から鎖骨辺りまで伸びる筋肉を広頸筋といいます。スマホやパソコンの画面をよく見ている人はかたくなりやすい部分なので、しっかりほぐしましょう。

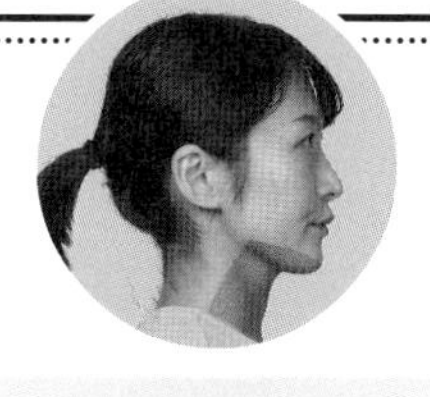

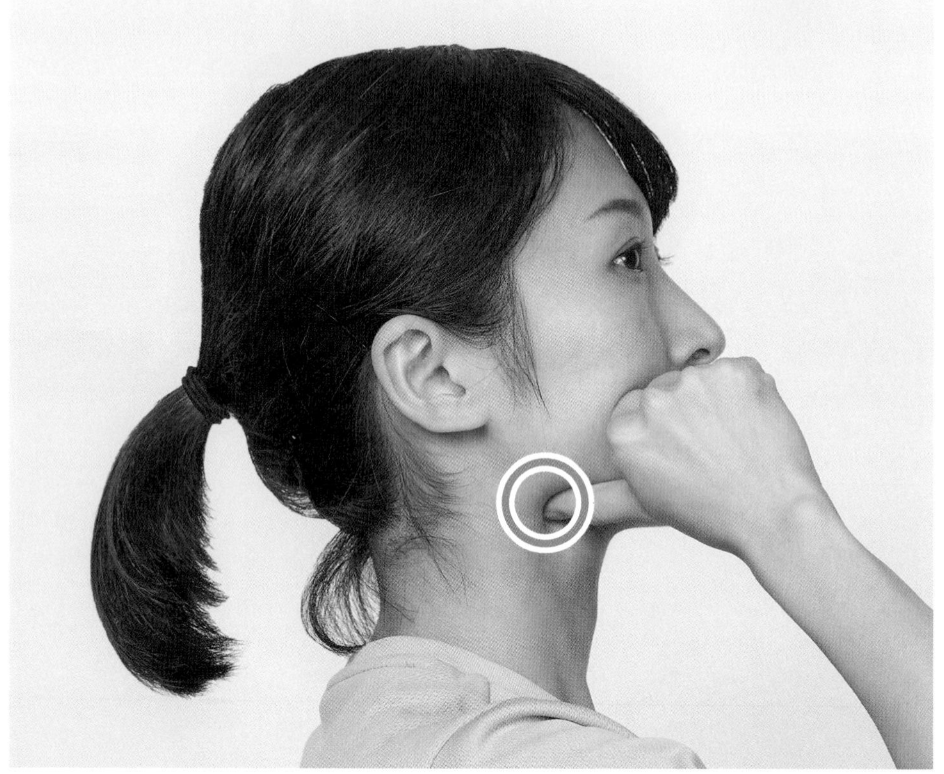

1 親指でかたくなっている部分を探す

あごの骨の内側に親指を入れて骨に沿って動かしながら、真ん中辺りのかたくなった部分を探す。

2 骨のキワを点で押しながらマッサージ

1で見つけたかたくなった部分からあご先にかけて、曲げた人差し指を使って押していく。力加減は痛気持ちいいくらいでOK。

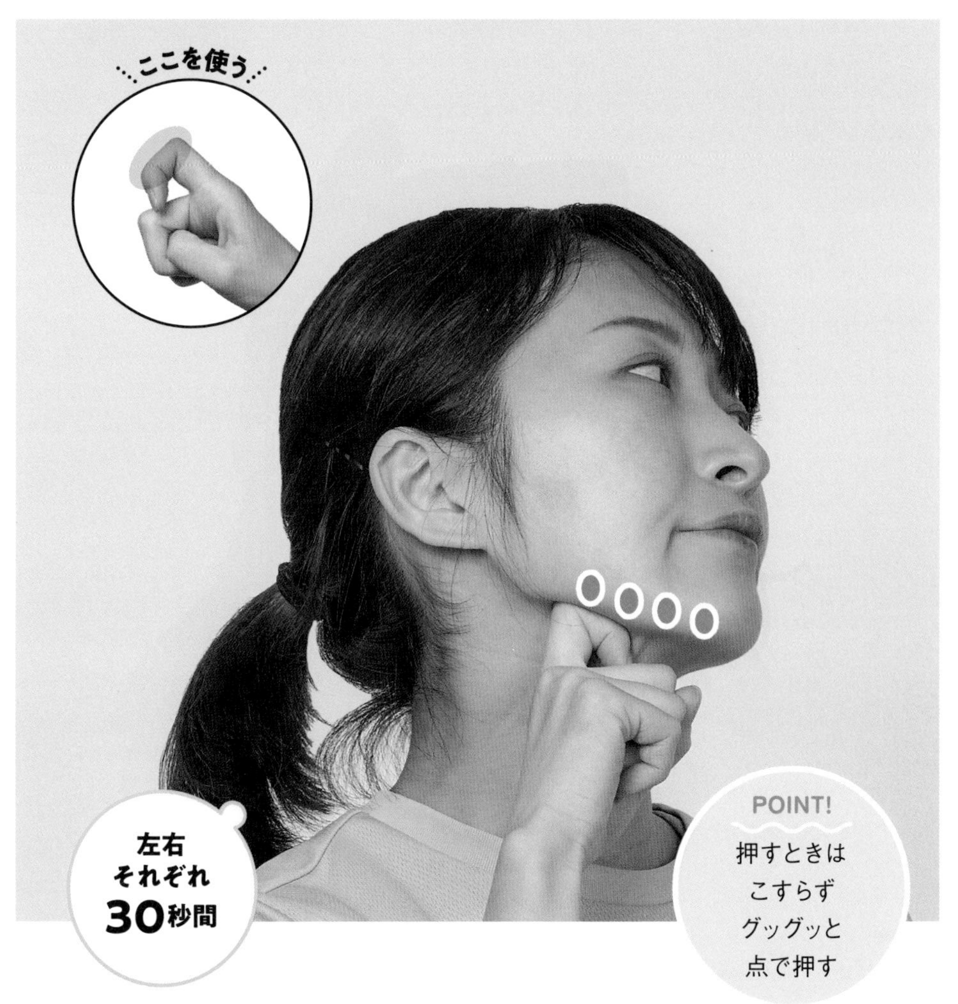

首前の筋肉のストレッチ（胸鎖乳突筋）

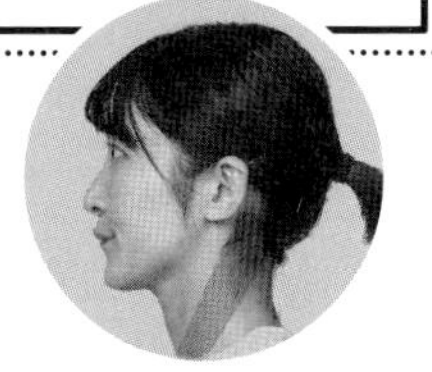

顔まわりのたるみやほうれい線の原因の1つに挙げられるのが、首の前側の筋肉の硬化です。日頃からここをしっかりほぐしておくことはとても大切なのです。

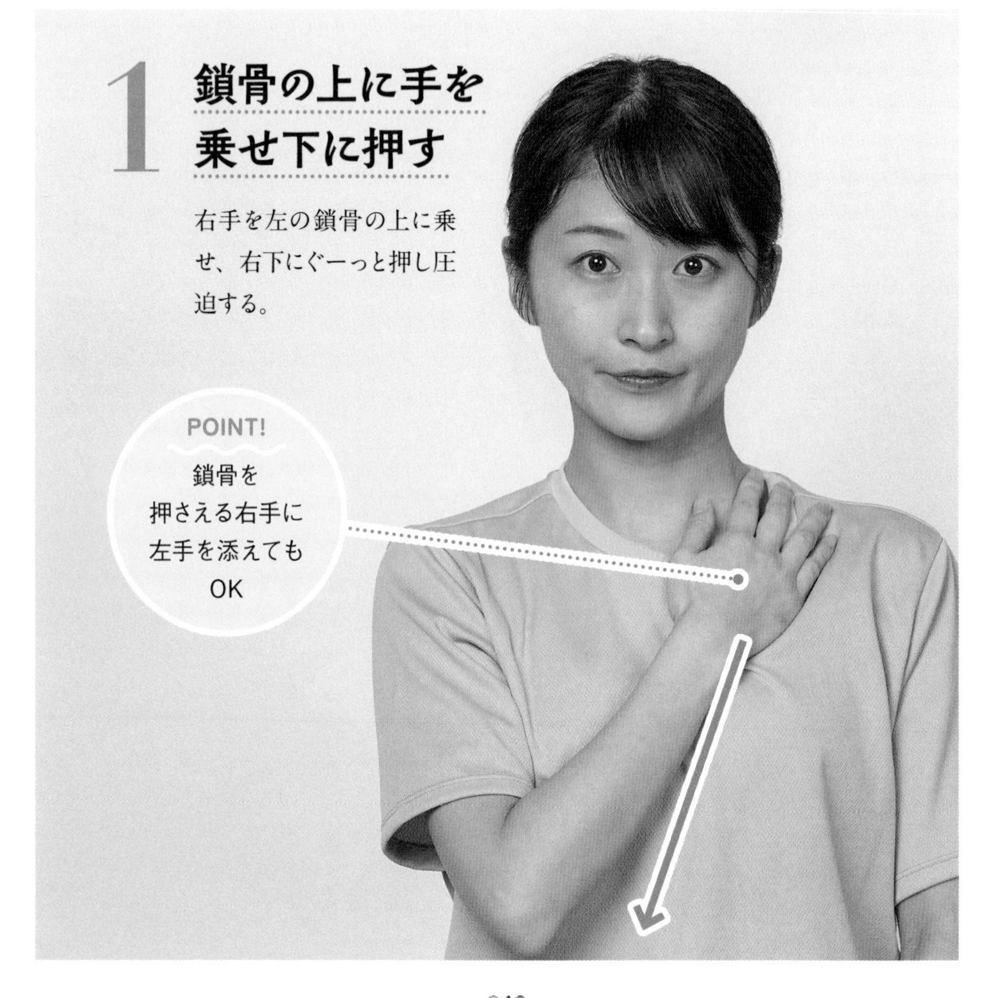

1 鎖骨の上に手を乗せ下に押す

右手を左の鎖骨の上に乗せ、右下にぐーっと押し圧迫する。

POINT!

鎖骨を押さえる右手に左手を添えてもOK

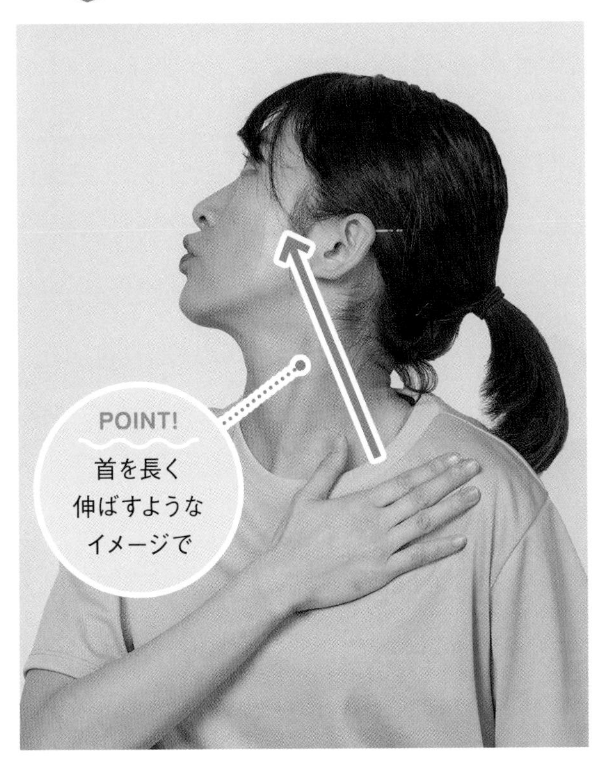

2

タコの口をつくった状態で首を伸ばす

唇をすぼめて突き出すようにしたら、右斜め後ろ方向へ首を伸ばす。

この口

3

首を伸ばしたまま上下に動かす

2の状態のまま、さらに首を上下に動かす。

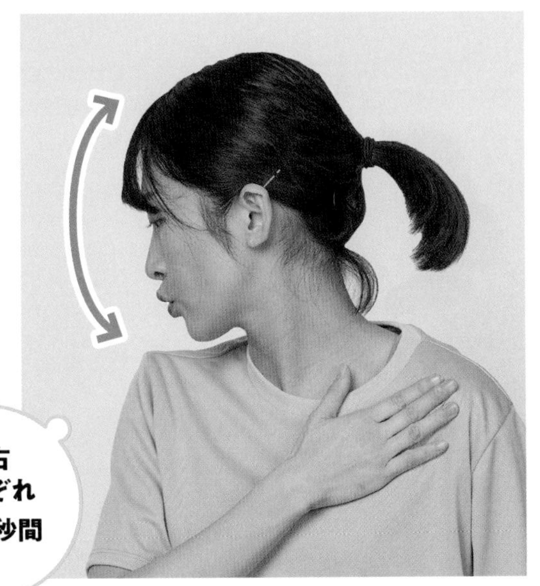

左右
それぞれ
30秒間

肩甲骨付近のストレッチ（菱形筋（りょうけいきん））

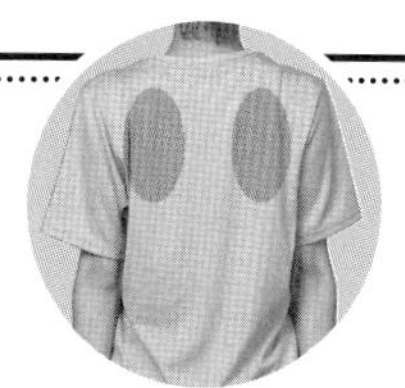

肩甲骨の内側の菱形筋は、普段あまり使わない筋肉なので、少ししんどいストレッチかもしれません。でもやったあとは、とてもすっきりします。

1 手のひらを外に向け腕を上げる

両手のひらを外に向けた状態で、体の横で腕を上げる。

2 肩甲骨を寄せる

1の状態で腕を背中のほうへスライドさせ、肩甲骨を寄せる。

3

腕を上下に動かす

腕を上げて手のひらを合わせたら、肩甲骨をギュッと寄せるのをイメージしながら腕を下ろす。この両腕の上げ下げをくり返す。

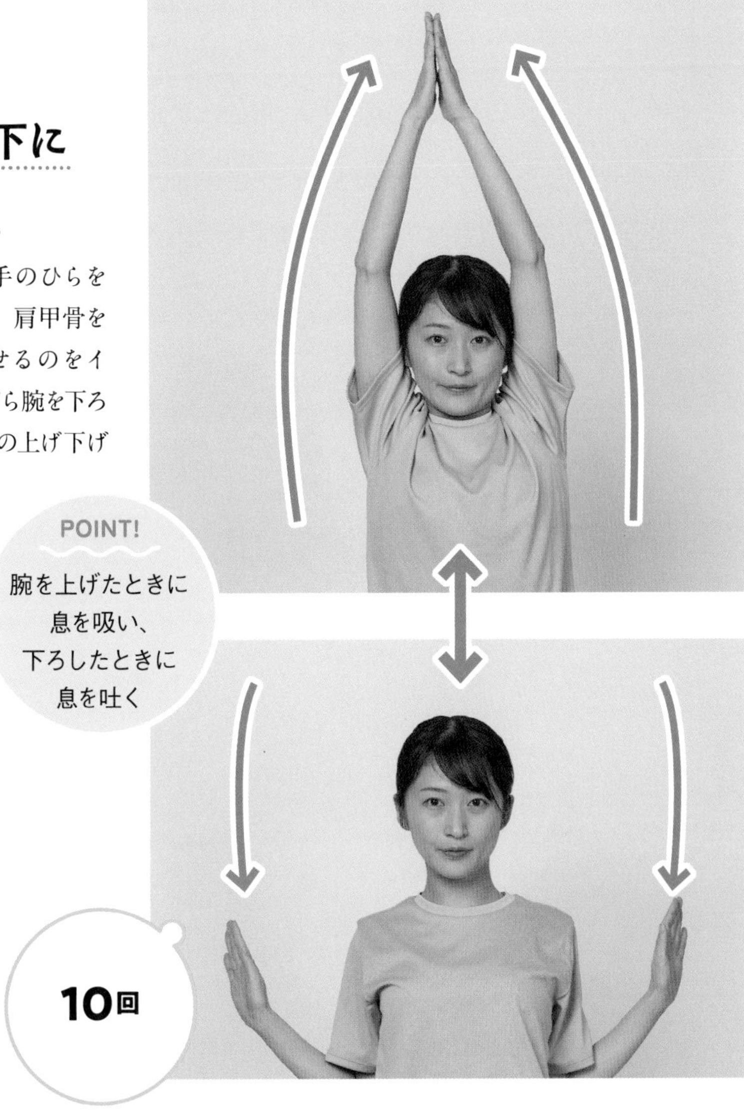

POINT!

腕を上げたときに息を吸い、下ろしたときに息を吐く

10回

回数を増やすことではなく、肩甲骨がしっかり寄った状態をキープできているかどうかのほうが大切です。ゆっくりていねいに！

胸付近のストレッチ（小胸筋）

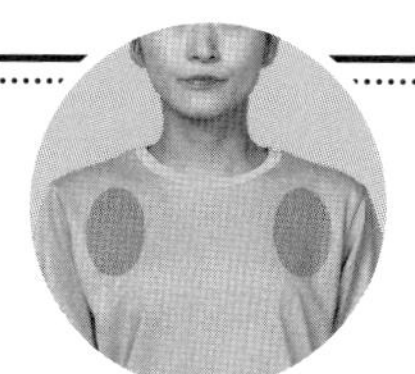

胸のまわりの筋肉がかたくなると、猫背になり、血流が悪くなります。筋肉は動かさないとすぐにかたくなるので、意識的に動かすよう心がけましょう。

1 腕を背中に回す

右腕を背中に回す。このとき手のひらが背中につくように。

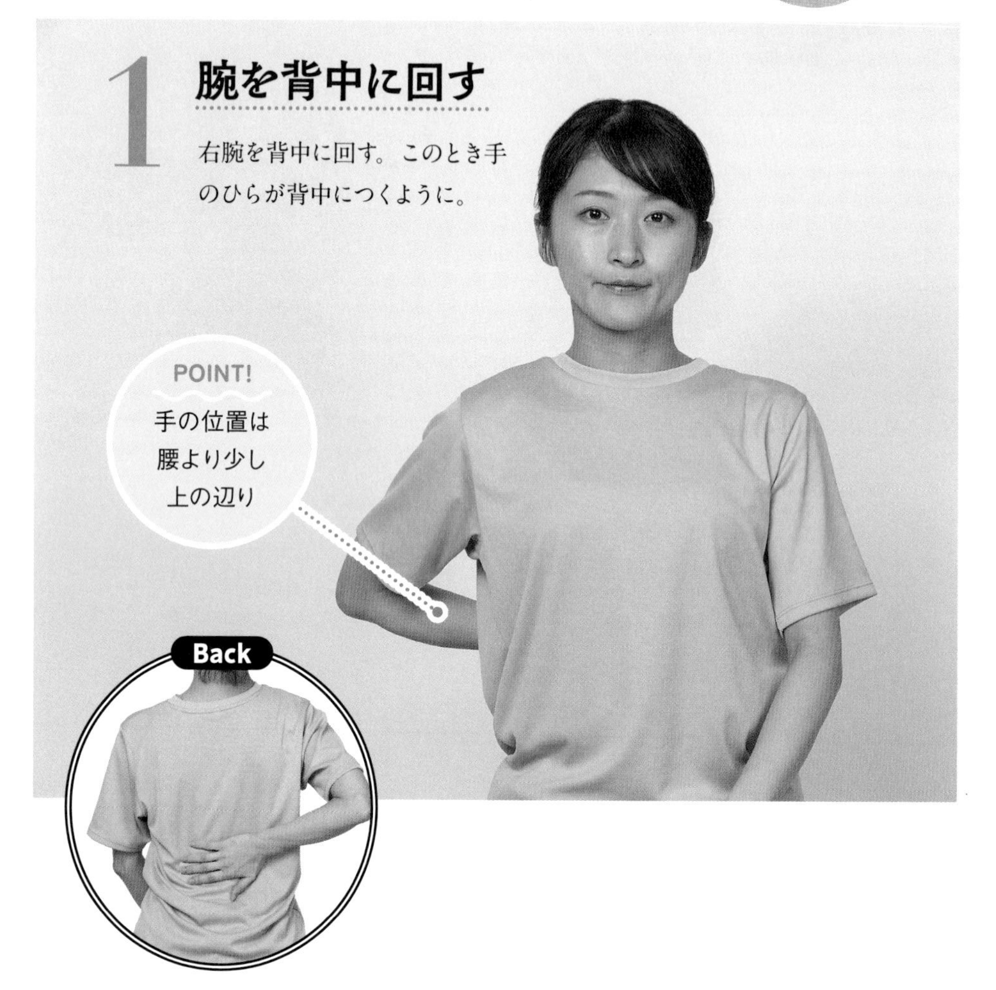

2 首を横に倒す

1の状態をキープしたまま、首を左に倒す。胸辺りがじんわり伸びているのを感じられればOK。

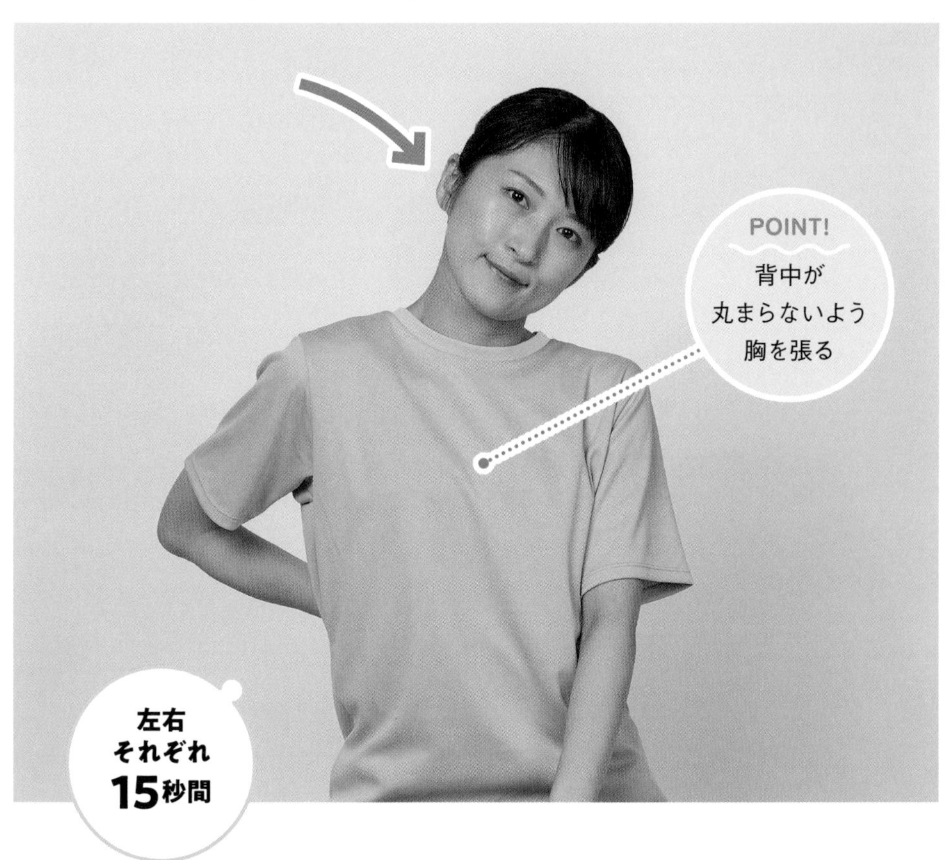

背骨付近のエクササイズ(胸椎)

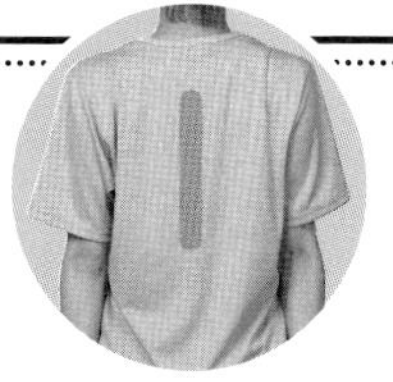

日常生活では下を向いていることが多いので、放っておくと猫背になりがち。猫背は顔のたるみやほうれい線の原因になります。意識的に背中を伸ばしましょう。

1 手を頭の後ろで組む

手を頭の後ろで組み、ひじを外側にグッと開く。

背中の筋肉は日常生活であまり使われない筋肉なので、最初はきついかもしれません。ですが、くり返しているうちに首まわりはもちろん肩の辺りもすっきりしてくるので、がんばってやってみましょう。

2 上を向く

1の状態をキープしたまま上を向く。このとき、背中は反るように意識する。胸が開いて、背骨のまわりに力がかかるのを感じられたらOK。

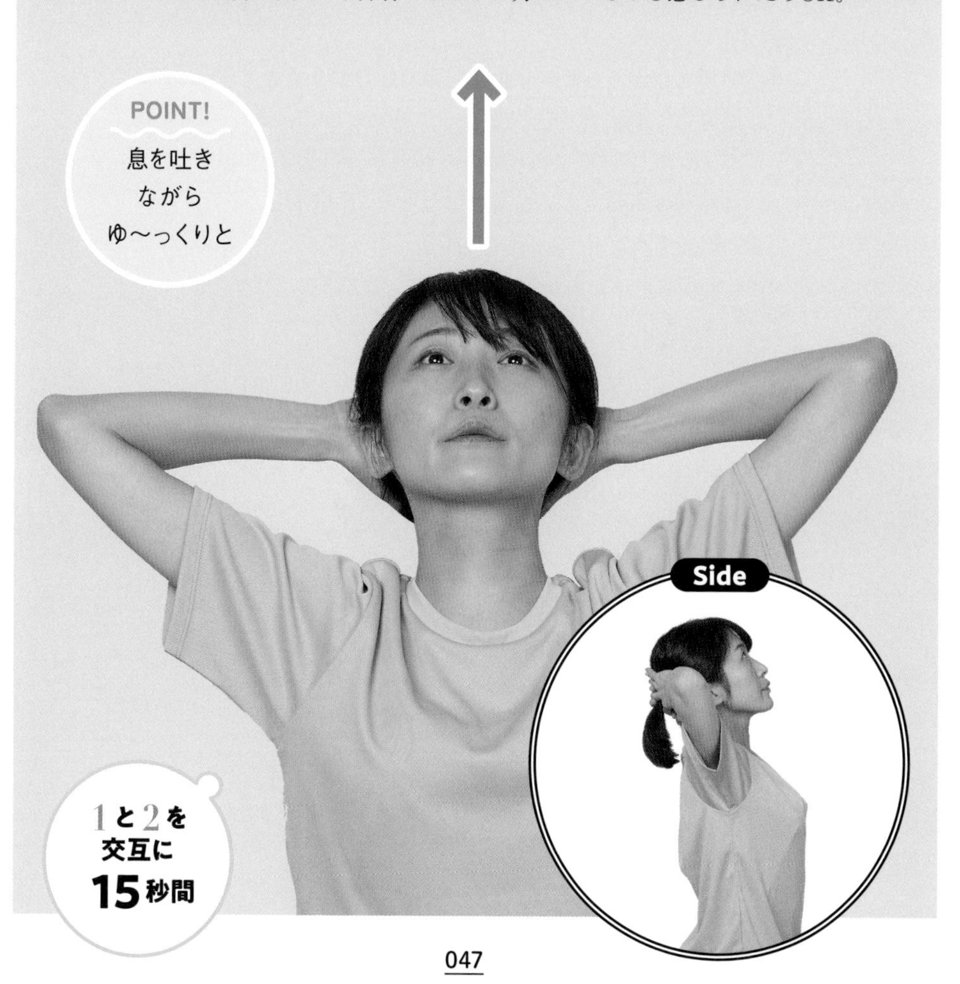

焦らず順を追って！じっくりトライ

2日目まで終えてみて、どうですか？　早く顔のマッサージをして効果を実感したいと、ほかのページを見ていた人もいるんじゃないでしょうか。

気持ちはとてもわかります。顔のしわやたるみを改善したいのに、姿勢や頭部の矯正って、遠回りしているように感じますよね。でも、この「奇跡の若返りプログラム」の順番には意味があり、より効果を得られるよう構成しています。焦る気持ちをグッとこらえて、順番どおり進めていったほうが、早く確実に効果が現れますので、毎日じっくりとこなしていきましょう。

3日目

スルスル
血流をよくする！
リンパ流し

顔がむくむと重みでたるむ

キーー
好きでむくんでるんじゃないわよっ
ごめんごめんて
どうどう
リンパマッサージでリンパの流れをよくすれば、きちんと老廃物を外に出せるようになりますよ
そうなれば、肌の新陳代謝が活発になるので
むくみにくくなるだけでなく肌もきれいになるんです！
美
おーっ
わあっ

いいことしかない！早速教えてください！
シャーッ
ハイハイ行くよーっ
落ちつけーっ

鎖骨(さこつ)リンパ

体内をくまなくめぐるリンパ液。血流同様、リンパの流れをよくしておくことは、美容はもちろん、健やかな毎日を送るためにも欠かせません。

1 ピースで鎖骨をはさむ

右手でピースをつくり、人差し指と中指で左の鎖骨をはさむ。

2 鎖骨に沿ってマッサージ

1の状態をキープしつつ、指を前後に動かす。

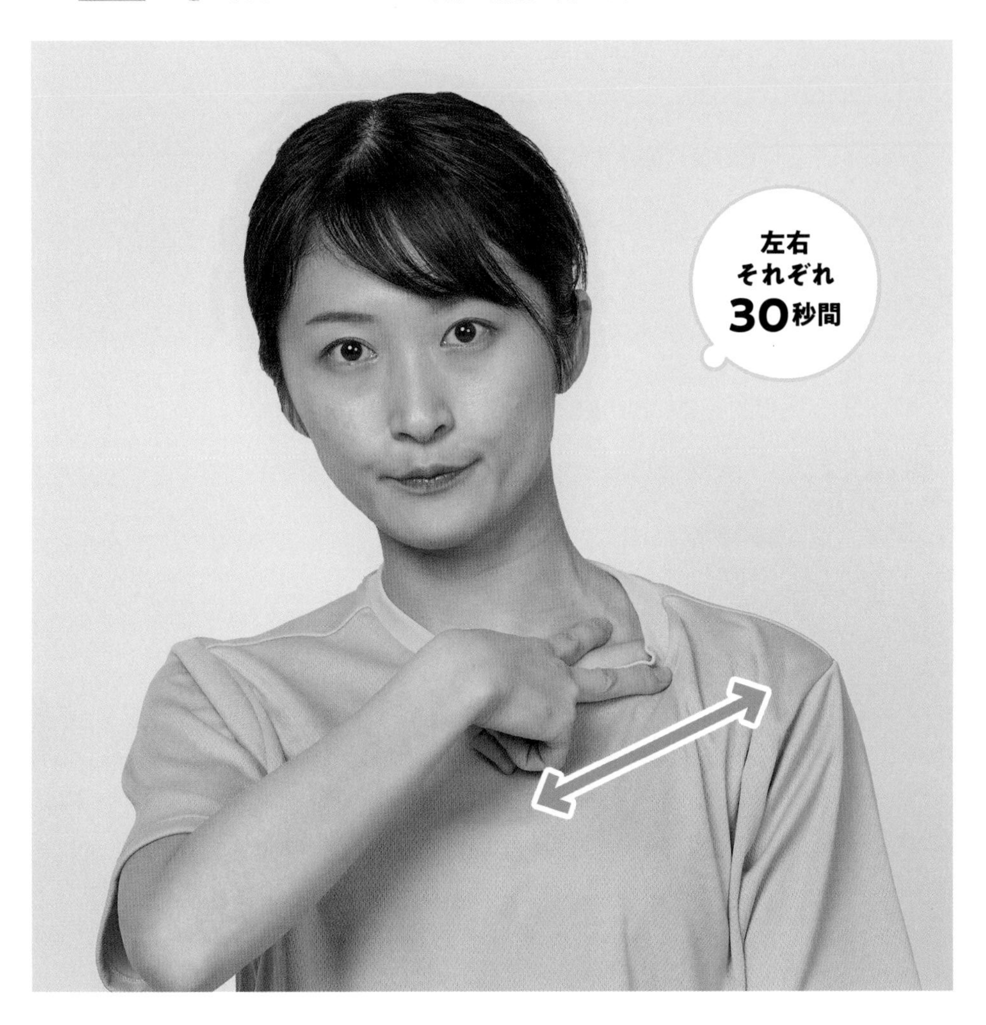

リンパは繊細なので強く押したり、こすったりする必要はありません。軽く、やさしくなでるようにマッサージするだけでOKです！

耳裏リンパ

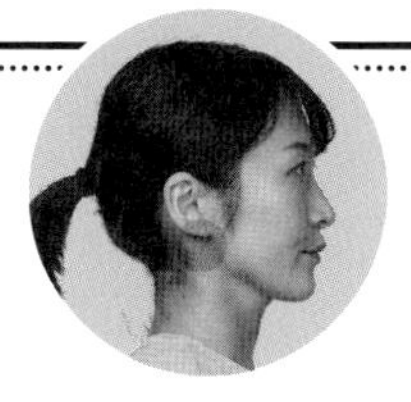

耳の後ろにはリンパ節があり、免疫機能に関わる重要な場所です。このマッサージで、その滞りを解消していきましょう。

1 耳の後ろに指を添える

右手の人差し指と中指をそろえて、右耳の後ろに添える。

2 指を上下に動かす

添えた指を小刻みに上下させ、マッサージを行う。

左右
それぞれ
30秒間

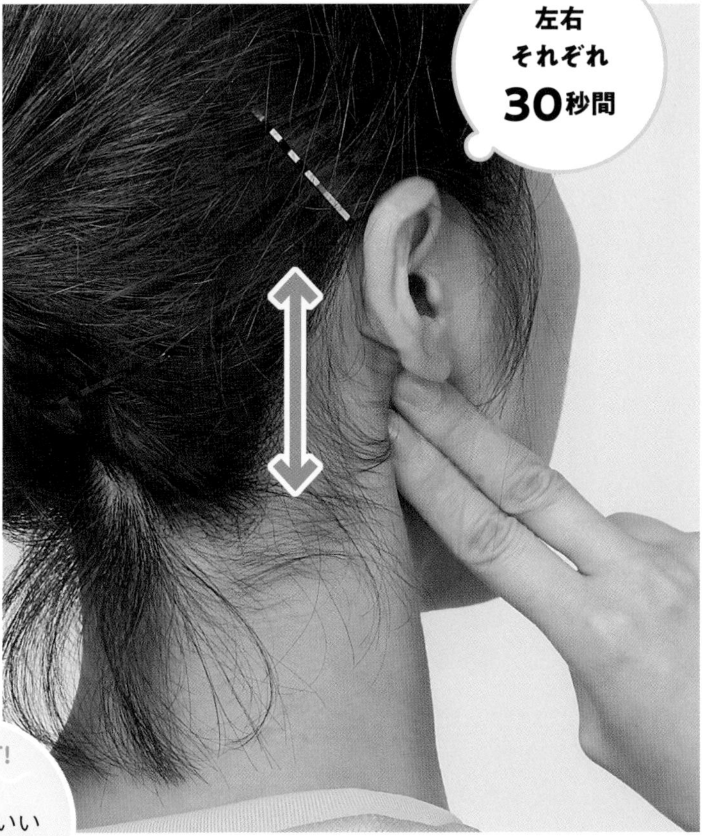

POINT!

痛気持ちいい
くらいでOK

耳前リンパ

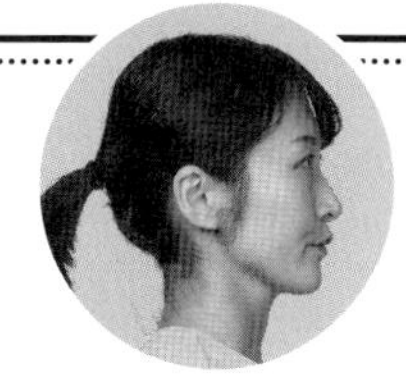

耳裏だけでなく、耳のまわりにはリンパ節が集まっています。耳の前もマッサージしていきましょう。顔のむくみの解消に効果的です。

1 耳の前に指を添える

右手の人差し指と中指をそろえて、右耳の前に添える。

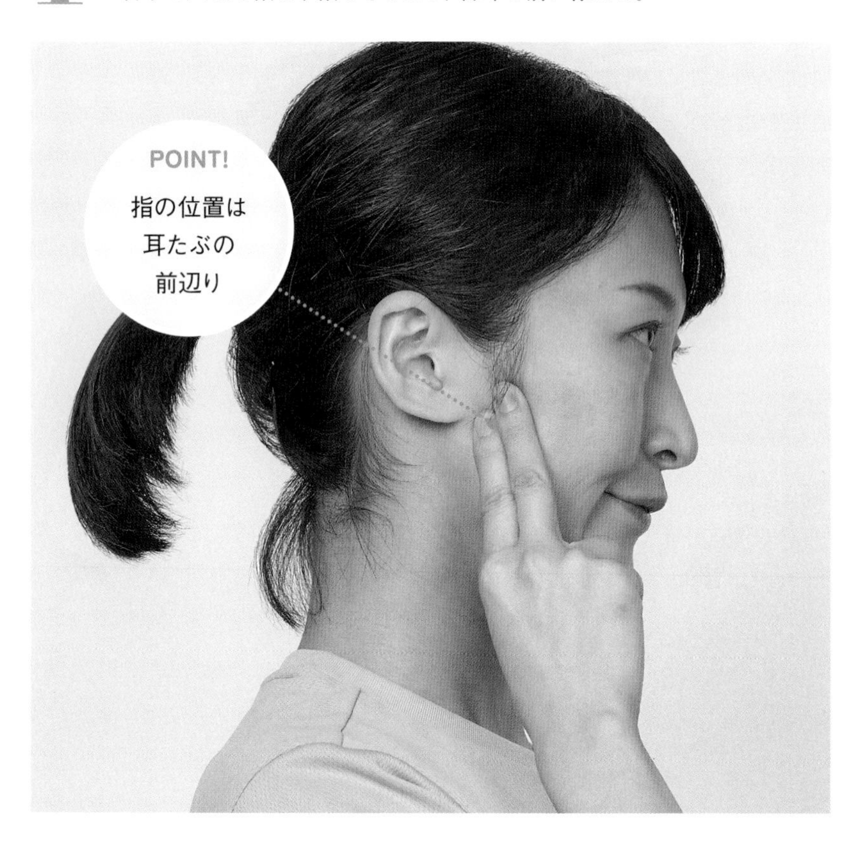

2 指を上下に動かす

添えた指を小刻みに上下させ、マッサージを行う。

左右
それぞれ
30秒間

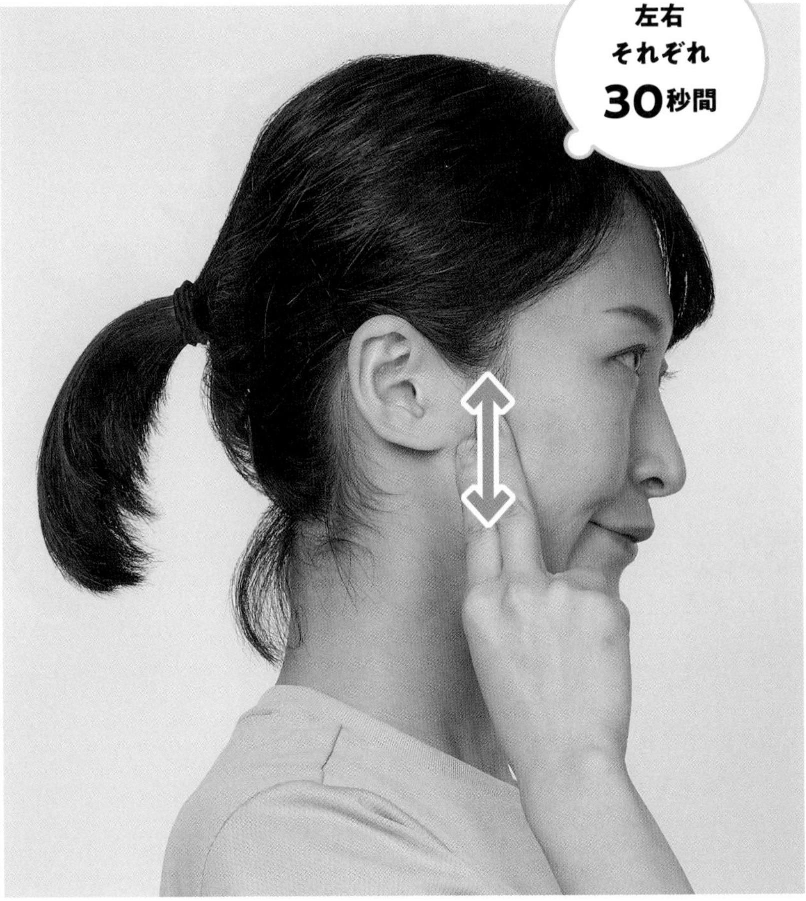

あご下リンパ

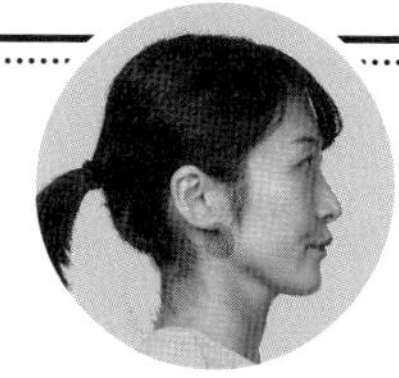

あごの筋肉をゆるめると、顔まわりのリンパがスムーズに流れるようになります。寝る前にこのマッサージを行うと、翌朝、フェイスラインがすっきりしますよ。

1 あごの下に親指を当てる

右手の親指を右のあごのつけ根に当てる。

2

3本の指を頬に添える

小指以外の指を頬に当てる。このとき、3本の指であごの骨をしっかりつまむ。

左右それぞれ30秒間

3

前後に手を動かす

2の状態をキープしながら、手首ごと前後に動かしマッサージを行う。

噛み締める癖のある人は、ここがかたくなりがち。ていねいにほぐしましょう。力を入れずに、かる～く動かすのがポイントです。

脇リンパ

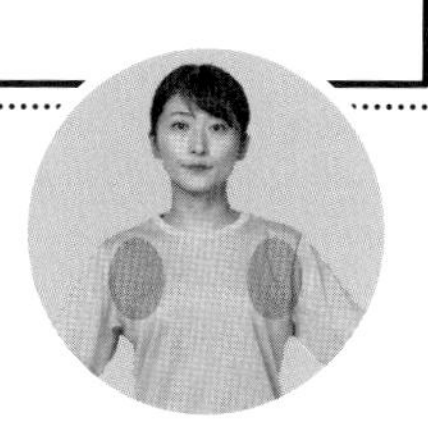

脇の下には大きなリンパ節があります。この周辺をほぐすことで、リンパの流れがスムーズになります。腕を大きく動かすので肩こりの人にもおすすめです。

1 脇の筋肉をつかむ

左腕を上げた状態で、右手で左脇の筋肉をしっかりつかむ。

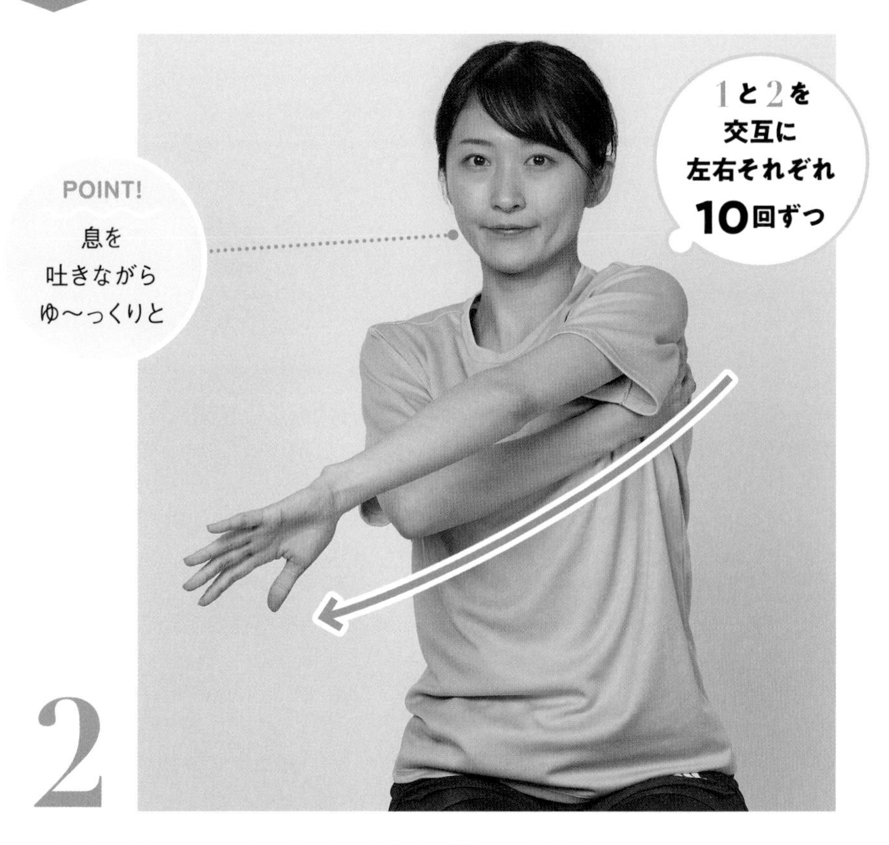

2 腕を前にねじりながら前に倒す

1の状態をキープしたまま、左腕を右前方へ
内側にねじりながら倒す。

脇をしっかりつかんでほしいので、腕が回らないという人は、反対側の手で脇をつかむほうの手のひじを引き寄せてみてください。手が背中側に届いて、脇をしっかりつかむことができます。

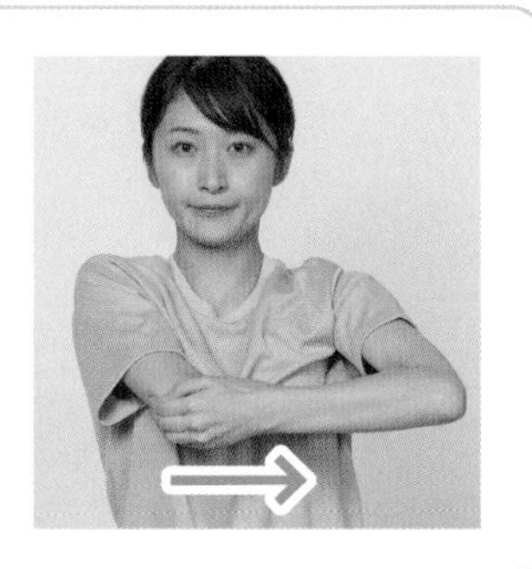

水分をしっかりとって老廃物を体の外へ！

3日目はリンパの流れをよくして、老廃物を排出するためのプログラムでした。これで顔まわりのむくみが解消され、目やフェイスラインがすっきりしたんじゃないでしょうか。

マッサージ後は、水分をしっかりとってひと休みがおすすめです。マッサージによって代謝がよくなると、体温が上がり、水分が不足します。そうなると排出された老廃物が流れにくくなってしまうので、水分補給をして、老廃物の排出をサポートしてあげましょう。

4日目

これで表情筋もばっちり！神マッサージ①

表情筋をうまく使って若返り

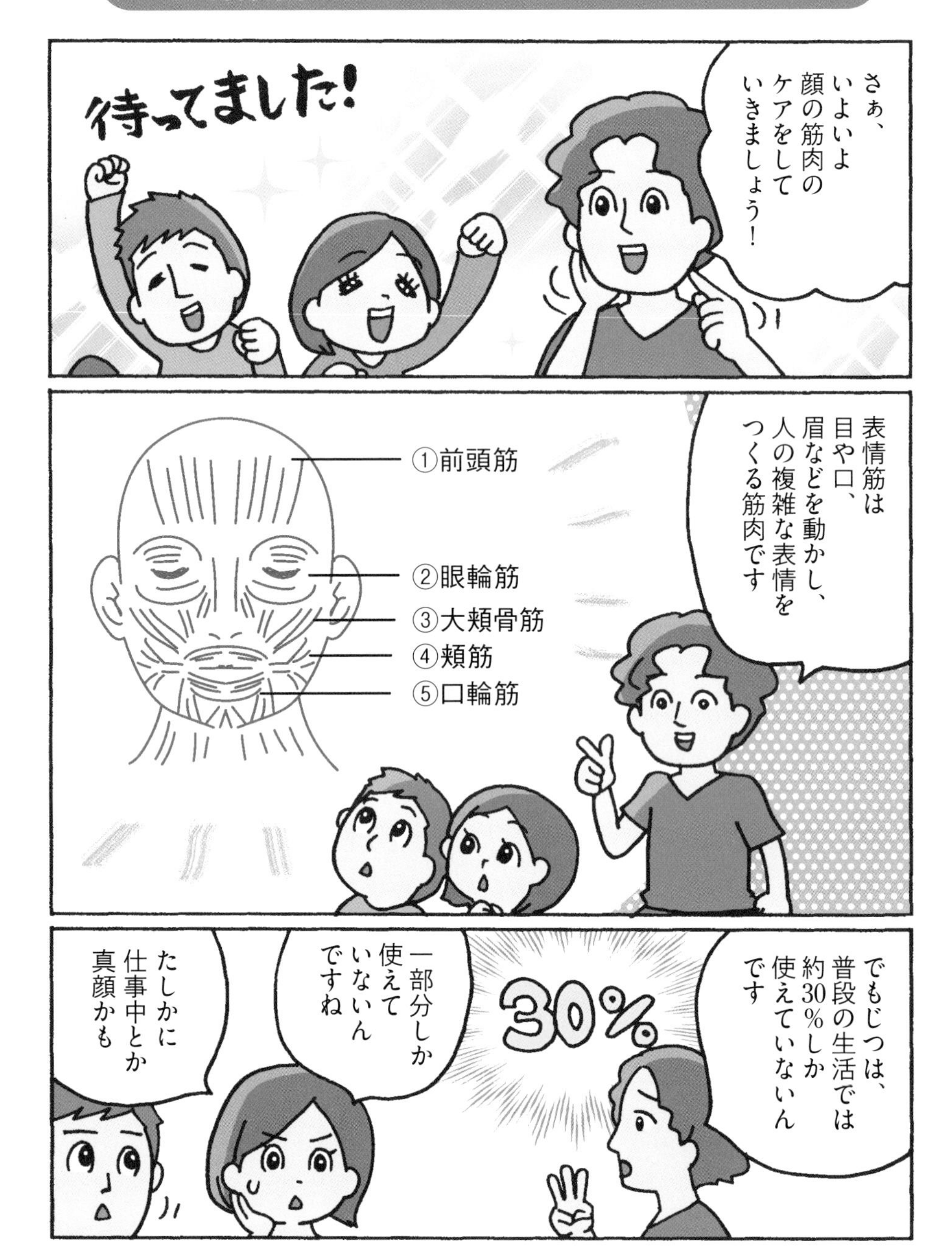

たまに
窓に映る
自分の真顔見て
怖くなるわ
俺はミカコの
怒ってるときの
真顔が一番
恐怖だけどな
表情筋を
うまく使えて
いなかったり、
加齢
だったり、
わあそれそれ
さまざまな
原因が
ありますが、
何もせず
放っておくと
表情筋は
どんどん衰えて、
老け顔に
一直線です！
老けまっしぐら
おいでおいで
怖い！
ギャアッ
なので！
表情筋を
うまく使えるよう、
ほぐして
いきましょう
ニッ
ハイ!!

頬骨付近のマッサージ

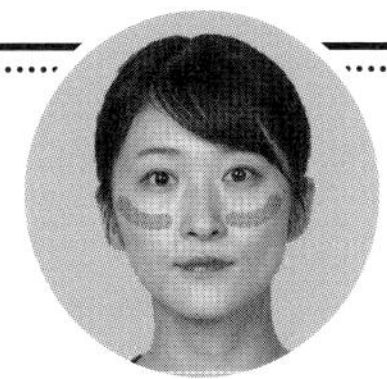

頬骨の下辺りを指で押してみましょう。痛かったり、ゴリゴリしたりする場合は、頬の筋肉がかたまっている証拠。たるみやしわの原因になるので要注意です。

1 頬骨の下に親指を置く

右手の親指を右の頬骨に押し当てる。小鼻の脇辺りに指の先が当たればOK。

2 頬骨に沿って圧迫する

親指を頬骨に沿ってグッと押し上げる。４カ所ぐらいに分けて押すのがポイント。

圧迫する強さは親指の爪が白くなるくらい。じわ〜っと気持ちいいなぁと感じる程度がいいでしょう。

目の下部の眼輪筋剥がし

眼球などが入っている頭蓋骨のくぼみのことを眼窩といいます。顔にたるみができてくると、この眼窩に脂肪がたまり、余計にたるみやしわができてしまうのです。

1

眼窩に指を当てる

右手の人差し指と中指、薬指をそろえ、右の眼窩にそっと当てる。

2 3本の指を少しだけ押し上げる

3本の指を少しだけ目のほうへ押し上げる。力を入れすぎないように注意。

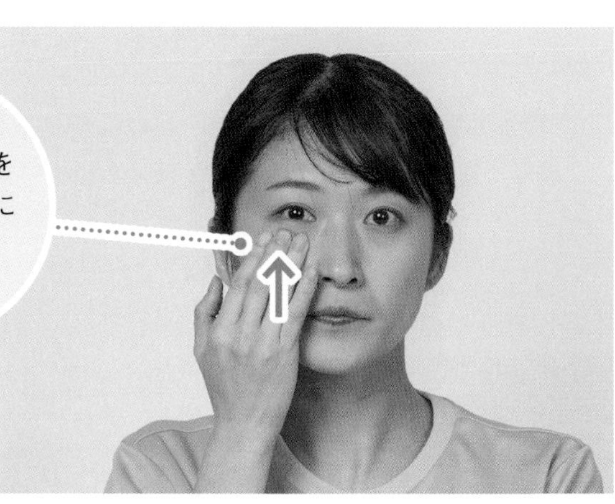

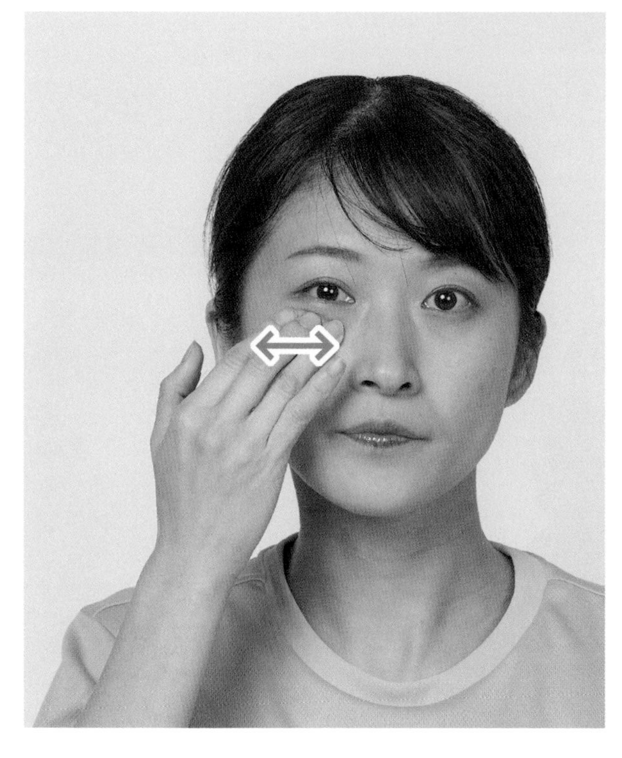

左右
それぞれ
30秒間

3 目の下を左右に揺らす

2の状態のまま、指を小刻みに左右に揺らす。

目の側面の眼輪筋剥がし

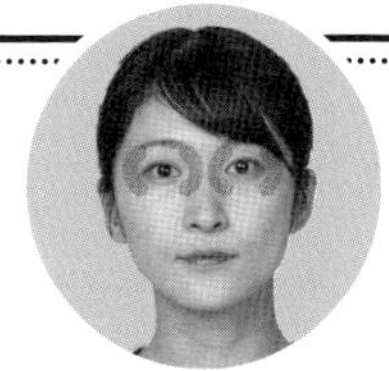

目の周囲の眼輪筋がかたくなると、ほかの筋肉を代わりに使って補うことになり、しわが増えてしまいます。眼輪筋はいつも柔らかくほぐしておきましょう。

1

ピースサインをつくって、目の両端に置く

右手でピースサインをつくり、人差し指を右目の目尻、中指を目頭にやさしく置く。

2

目頭と目尻を左右に軽く引きのばす

中指と人差し指を開くイメージで、左右に軽くひっぱる。

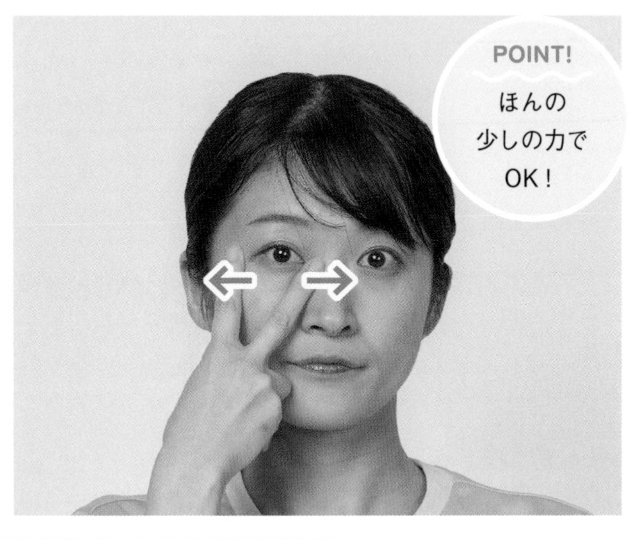

3

手を小刻みに揺らす

2の状態のまま、手をやさしく小刻みに揺らしてマッサージをする。

眼輪筋は薄くて繊細なので、強い力を入れる必要はありません。ティッシュペーパーを破らずにこするようなイメージでやさしく行いましょう。

眉毛周辺のこりほぐし

眉毛周辺の筋肉にたまった老廃物を流すと、目のまわりをはじめ、顔全体のしわやたるみが改善します。目の疲れを感じやすい人にもおすすめです。

1 眉毛を指でつまむ

右手の親指と人差し指を使って、右の眉頭をつまむ。

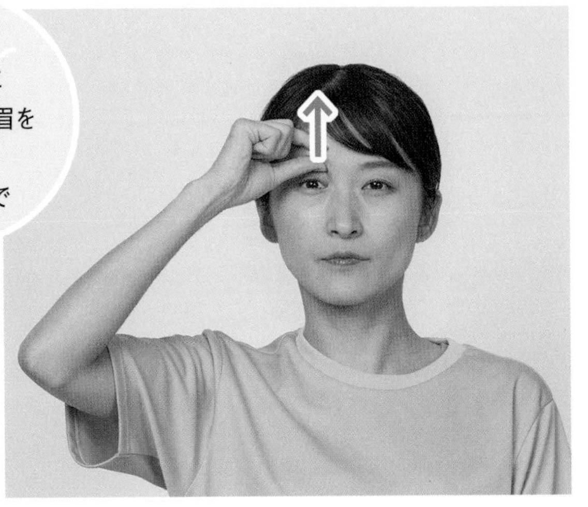

POINT!
頭蓋骨に
はりついた眉を
剥がす
イメージで

2 眉毛を上下に動かす

1の状態のまま、つまんだ眉を上にグイッともち上げる。そのまま、上下に小刻みに動かす。

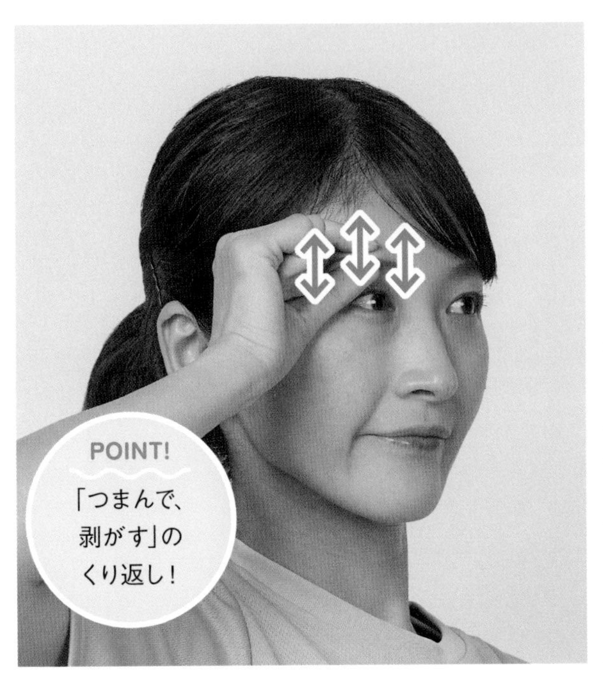

POINT!
「つまんで、
剥がす」の
くり返し！

左右
それぞれ
30秒間

3 位置を変えてくり返す

2の動きを、眉頭、眉毛の中央、眉尻の3カ所でくり返す。

かず先生のアドバイス

マッサージの効果を確かめたいときは、片側だけやってみましょう。目のまわりがすっきりして、こりもほぐれるはずですよ。

あごの筋肉のマッサージ

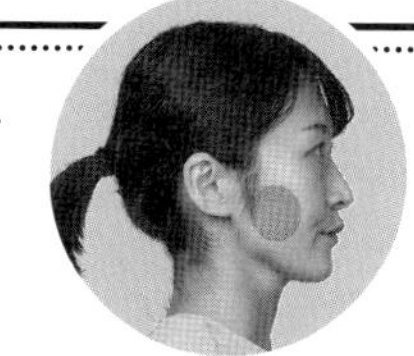

口まわりの筋肉の老化はほうれい線に直結します。歳だからとあきらめずエクササイズを続ければ、筋肉が柔らかくなり、ほうれい線の解消にも効果が期待できます。

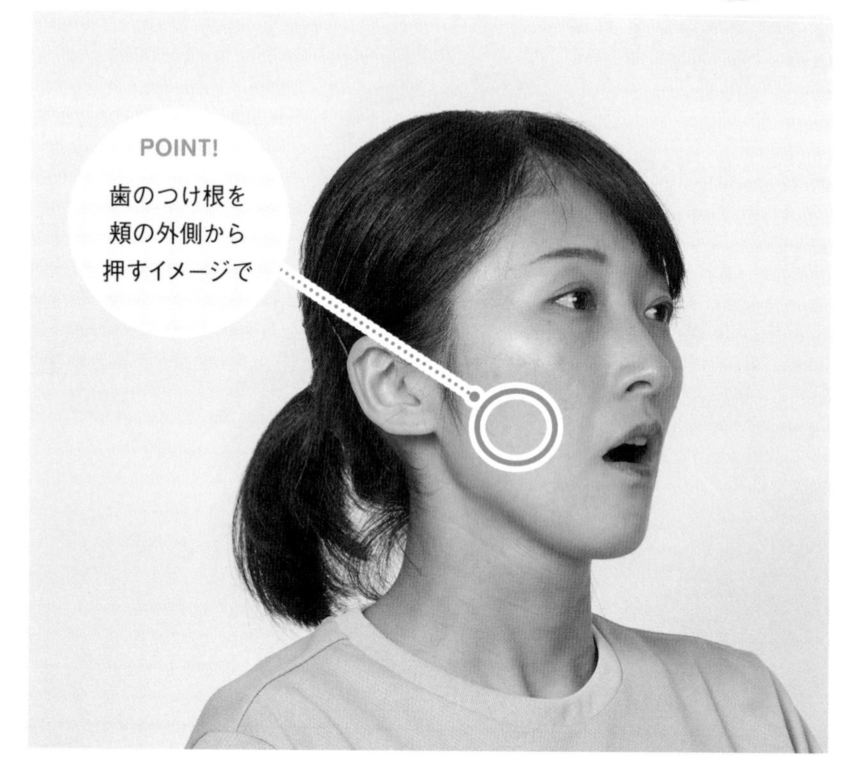

1 口を半開きにして頬のくぼみを見つける

口を半開きにすると上あごと下あごの間にくぼみができる。

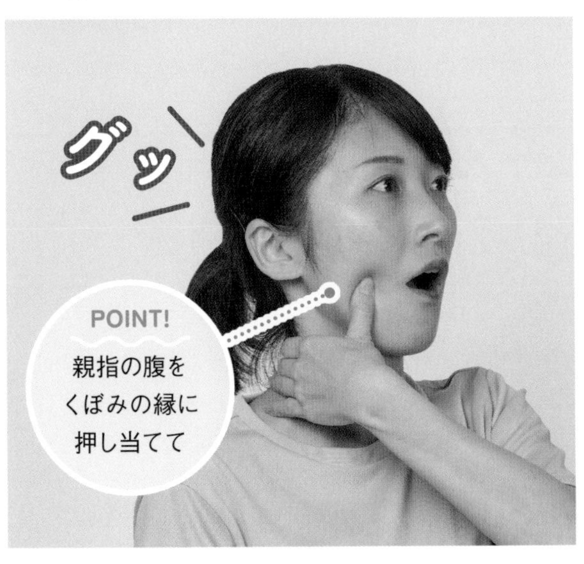

2

頬のくぼみに親指を押し当てる

左手の親指を、右頬のくぼみに当ててグッと押す。

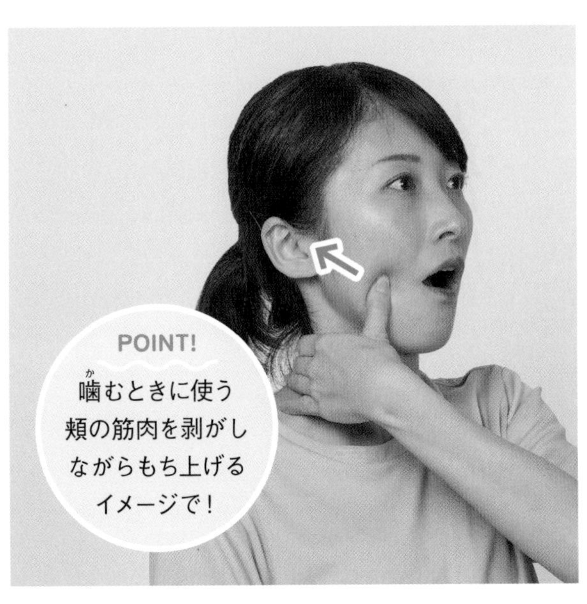

3

左右
それぞれ
30秒間

親指を耳の方向に押し上げる

2で頬のくぼみに押し当てた親指を、耳の方向に強めに押し上げる。

かず先生のアドバイス

ちょっと痛いかもしれませんが、少し強めに押すのがポイント。噛み方に癖がある人は左右で感触が変わると思います。

写真と今を見比べて 若返り実感&やる気UP

7日間の「奇跡の若返りプログラム」も折り返しに差しかかりました。ここで、1日目に撮った写真を見て今の自分と比べてみましょう。姿勢や顔つきが変わってきているのではないでしょうか。目に見える変化があると、続けるモチベーションになりますので、今後も、ときどき写真を見返して、やる気を維持しましょう！

4日目からは重点的に顔の筋肉にアプローチしたり、しわやたるみを改善したりするプログラムが組んであります。とはいえ「いい姿勢」あってこその「若返り」！　4日目以降のプログラムに取り組むときや、日常生活でも、いい姿勢を意識してみてくださいね。

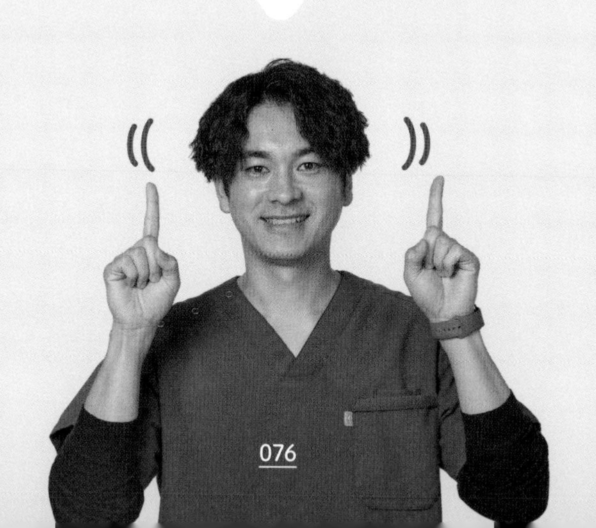

5日目

ほぐして鍛える！表情筋マッサージ②

ほぐしてから鍛えて効果UP！

まずはしっかり下地を耕さなくちゃね！
そうですね！明日はしっかりトレーニングしていきましょうね
肌
ミカコ～ごめん！
赤のネクタイってどこ行ったっけ～？
ごっちゃり…
あ～な～た～
散らかしすぎなのよ～
クワッ
先生!!
表情筋マッサージの効果絶大みたいです

側頭部のマッサージ

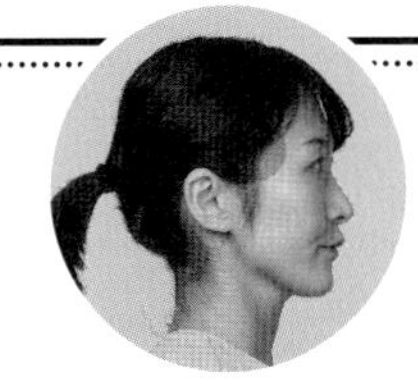

このマッサージでは顔全体のたるみにアプローチします。顔を引き上げる側頭筋を活性化させて、口元のしわやたるみを改善していきましょう。

1 指の腹を耳の上に押し当てる

手を軽く開いて、指の腹を耳の上にグッと押し当てる。

2 斜め上に引き上げる

両手の指で頭を押しながら、後頭部に向かって斜め上に引き上げる。

力加減は目がちょっとつり上がるくらいを目安にしましょう。下を向いたり、机にひじをついたりしてもOK！　リフトアップした肌が定着するイメージをもって取り組んでください。

あごまわりのマッサージ

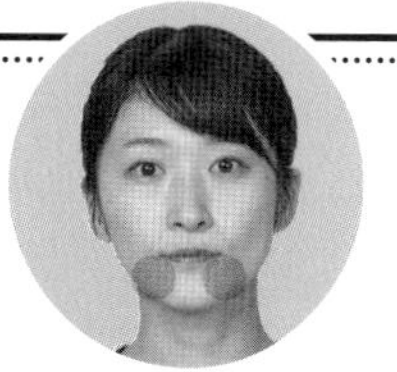

じつはけっこうこっていることが多いのがあごまわりの筋肉。ここがかたくなっていると口元に老廃物がたまりやすくなります。やさしくマッサージしてほぐしましょう。

1 あごのほぐしポイントを探す

唇の端からまっすぐ下に下ろしたところにあるコリコリした部分に、人差し指と中指を当てる。親指は骨の裏側に添える。

2

やさしく震わせてマッサージ

あごの筋肉を骨から離すようなイメージで、3本の指を少し手前にもち上げる。そのまま左右に小刻みに揺らす。

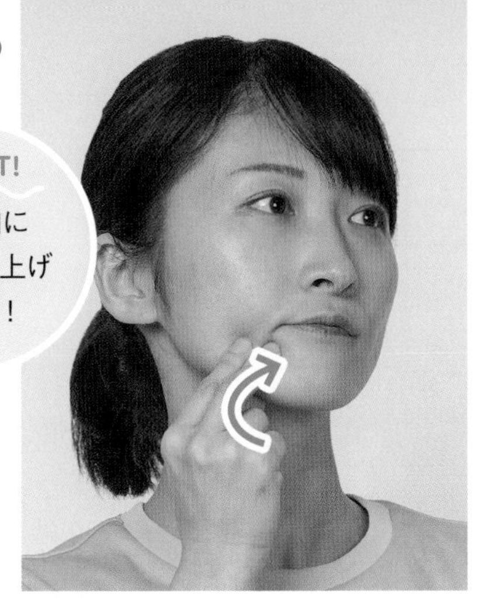

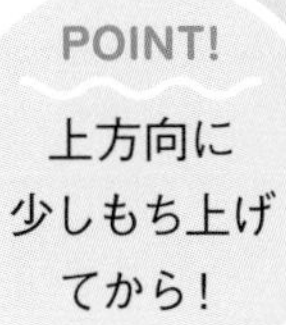

後頭部の マッサージ

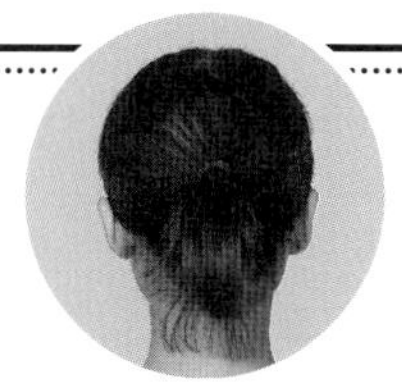

頭部のなかでも大きくて重い後頭部。後頭部をしっかりほぐすことで、頭全体のリンパの流れがスムーズになります。目の疲れ、首のこりなどにもいいですよ！

1 耳の後ろ辺りに手を置く

両手をボールをもつような形にして、耳の後ろ周辺に指の腹を立てる。

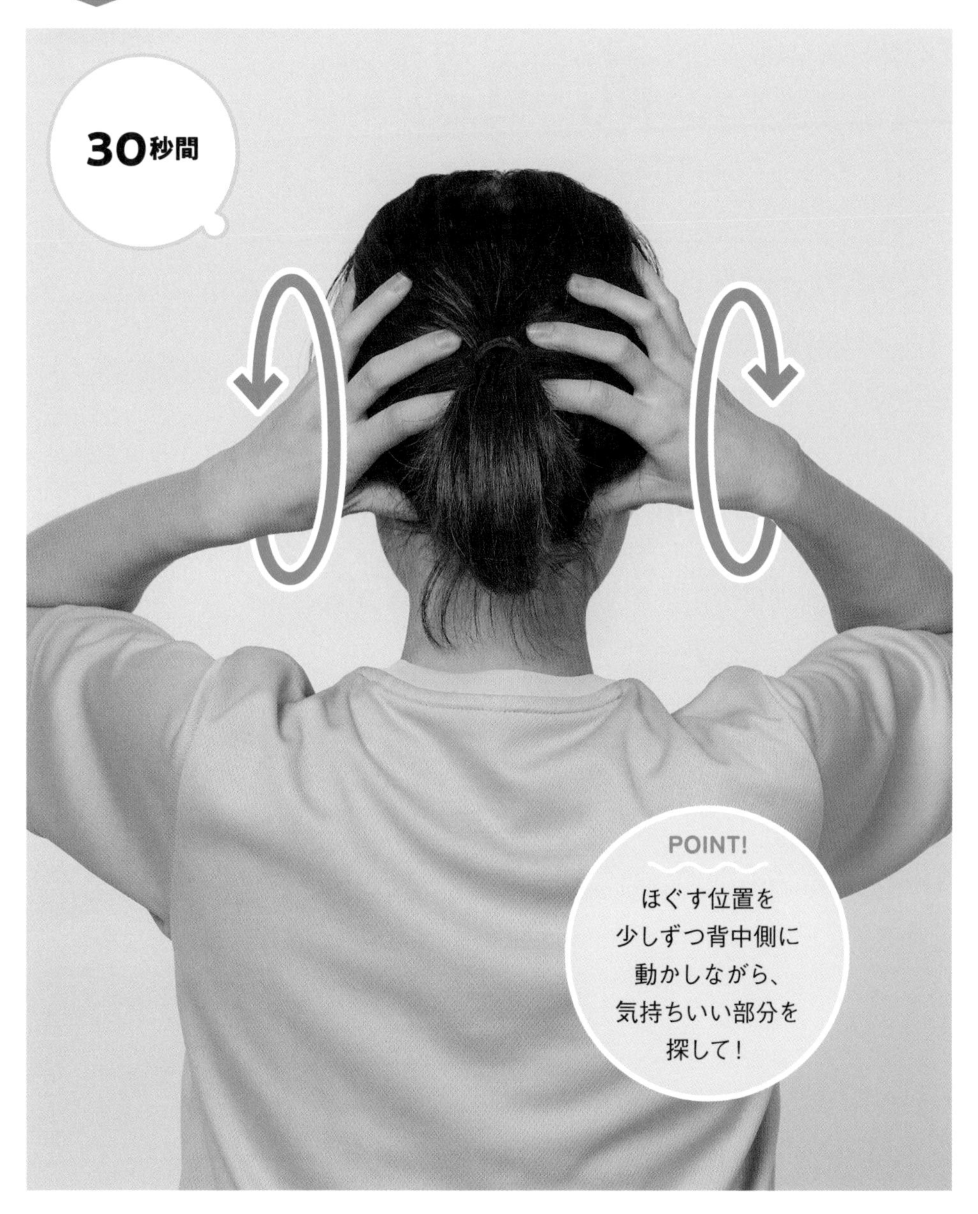

2 手をぐるぐると大きく回す

手首を使って手を大きく回しながら、後頭部全体をほぐす。

前頭部のマッサージ

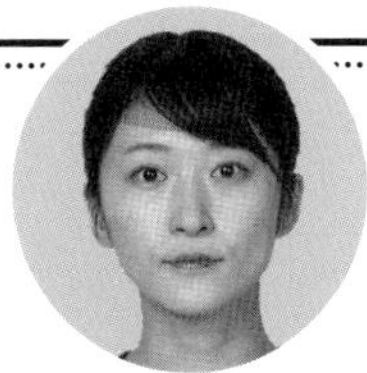

顔のしわやたるみを改善したいとき、意外と盲点になるのが頭皮です。頭皮がつっぱっていると顔の筋肉に余計な力が加わり、しわやたるみができてしまうのです。

1 眉毛の線に沿って前頭部に指を置く

両手を軽く開き、眉毛より指先1つ分程度上の位置に眉毛の線に沿って指を置く。

2

指を小刻みに上下に動かす

1で置いた指に軽く力を入れ、前頭部の皮膚をクイっと上下に動かす。眉毛の近くから少しずつ髪の生え際まで手を移動させ、同じ動作をくり返す。

30秒間

眉毛周辺のマッサージ

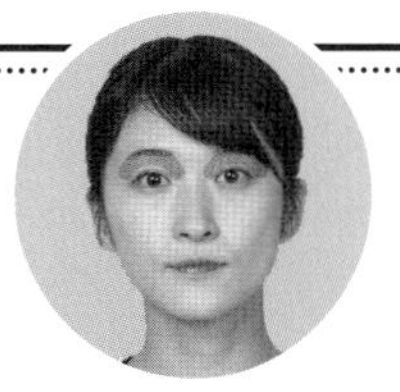

眉毛周辺は老廃物がたまりやすい部分。日頃から、気づいたときにマッサージするといいですよ。皮脂が気になる場合はティッシュなどを間にはさんでも構いません。

1 関節の側面を眉頭に当てる

右手の人差し指を曲げてかぎ爪をつくり、右の眉頭に関節の側面を当てる。

2 指の関節を使って眉毛をマッサージ

眉頭から眉尻の方向にゆっくり動かす。

早いペースで何回もやるより、ゆっくりていねいにやったほうが効果的です。老廃物が流れていくようなイメージをもって行いましょう。

表情筋を鍛えて
表情も豊かに！

表情筋を鍛えたり、ほぐしたりしていると、必然的に鏡に向かって自分の顔をじっと見つめることになります。もしかしたら、「鏡を見るのがイヤ」「自分の顔が嫌い」という人もいるかもしれません。

以前、私のYouTube動画のコメント欄に「最近、鏡で自分の顔を見るのが好きになった」とコメントしてくださった人もいました。最初は「イヤだなあ」と思っていても、コツコツ続ければしっかり効果は出てきます。5日目までのプログラムを終えて柔軟になった表情筋で、にっこり笑ってみてください。きっと、以前より豊かな表情がそこにはあるはずです。

6日目

ウキッと楽しく
変顔トレーニング

ふざけた顔でも効果は絶大！

こんな感じで
頬と鼻の下に
空気を入れて
膨らませたり
プクーーッ!!

ムンクの
『叫び』という
絵画がありますが、
その絵のような顔を
してみたり
ムンクの
叫び
なんだか
楽しそう!

たしかに
意識的に変顔
しないと
使わない
表情筋が
あるかも!
顔のこりが
取れるような
気がする〜!

これでしっかり
顔の筋肉は
鍛えられるので、
はずかしがらず、
全力でやって
いきましょう!
キリッ
変顔だと
キマらない
なー

ウインク エクササイズ

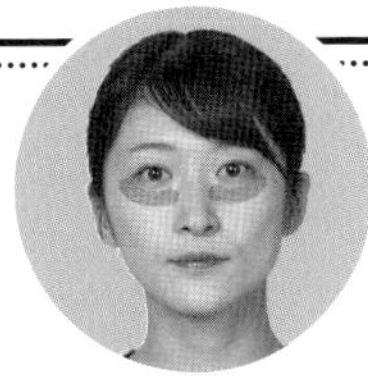

顔まわりのエクササイズでは、はじめに眼輪筋を動かしていきます。目のまわりはよく使うだけに、筋肉も疲れがち。血流をよくしてハリを保ちましょう。

1

3本の指で眼輪筋を押さえる

右手の人差し指と中指、薬指をそろえて、下まぶたの辺りに添えたら、そのまま下に向かって少し押し下げる。

POINT!

押し下げるのはほんの少しでOK！

左右
それぞれ
20回

2 目を閉じる

1の状態のまま、ゆっくり目を閉じる。

目の開閉に使うのが眼輪筋。反対方向の力を加えることで、
眼輪筋だけで目の開閉を行うエクササイズになります。

くちばしエクササイズ

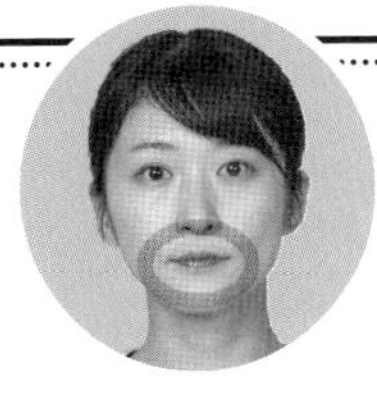

次は口まわりの筋肉を鍛えます。この筋肉を健康にしておくことでハリがうまれ、しわが薄くなります。普段から、気がつくとポカンと口が開きがちな人は要注意です。

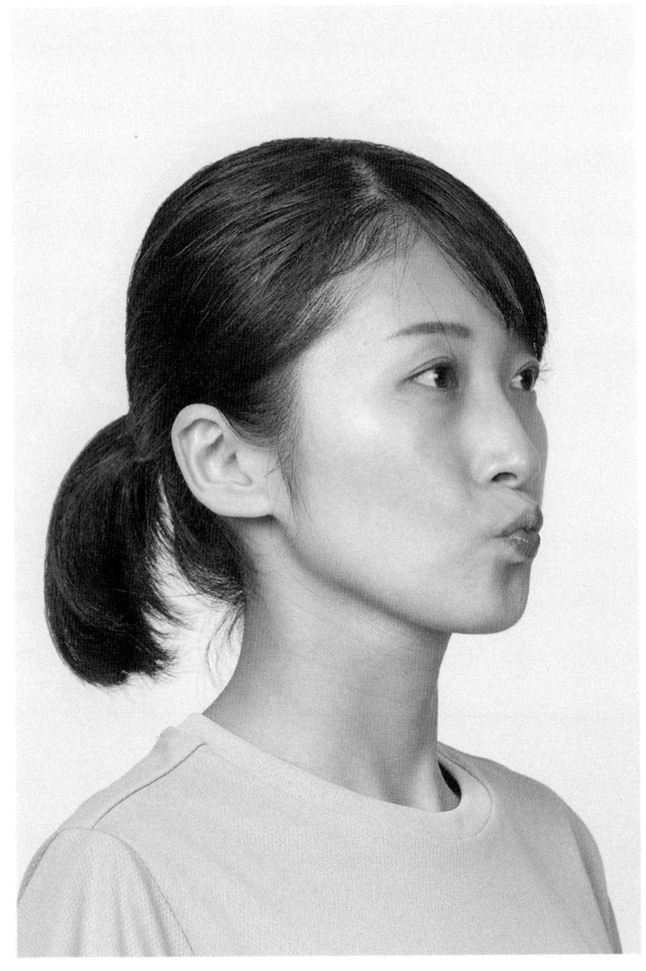

1

唇をくちばしのようにとがらせる

口を閉じた状態で口をすぼめ、くちばしのような形をつくる。

タコの口はNG！

2 くちばしを突き出す

1でつくったくちばしを前方に突き出す。

難しい人は、口笛を吹くときの口をイメージして、口をすぼめたまま、前に突き出してみましょう。NG例のタコの口は、唇の裏側が見えている状態を指します。

タコちゅう エクササイズ

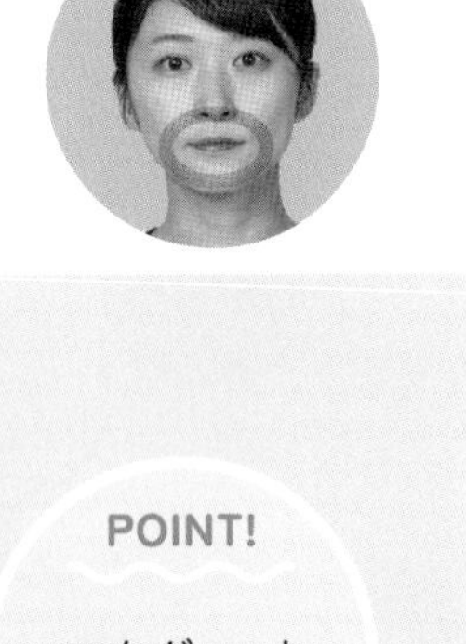

口まわりの筋肉、口輪筋のエクササイズです。やってみるとけっこう難しいですが、楽しみながら取り組んでみましょう。自然と筋肉にアプローチできますよ。

1 細長いものを用意して口と鼻の間にはさむ

わりばしやペンなど、細長いものを用意し、唇をタコの口にしたら、口と鼻の間にはさむ。

2 落ちないようにキープ！

手を離してもわりばしやペンが落ちないように、
口と鼻ではさんで30秒間キープする。

日常生活ではあまりしない動きなので、最初は難しいかもしれません。口まわりの筋肉を鍛えると、ほうれい線はもとよりブルドッグ顔も改善できますよ。

METHOD

ムンクの『叫び』エクササイズ

次は頬のまわりのエクササイズ。少し難しく感じるかもしれませんが、「動かそう！」と意識することで筋肉は動きます。鏡の前で思い切って変顔にチャレンジ！

1

ムンクの『叫び』の顔をつくる

口をすぼめて、鼻の下をなが～く伸ばす。ムンクの『叫び』をイメージして。

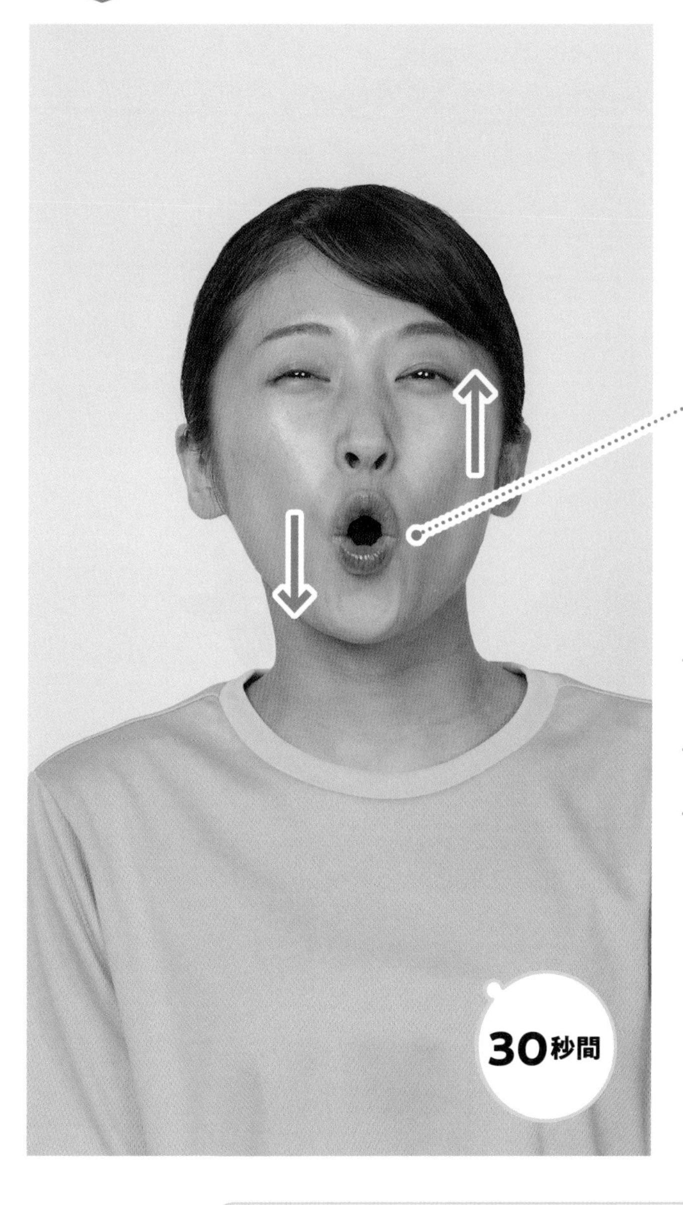

2

そのまま目を閉じる

1の顔をしたまま、下まぶたを上げる。

顔の筋肉がかたい人は、難しく感じるかもしれません。目を閉じるときは、薄目にするような気持ちでやるとやりやすいです。下まぶたを指で軽くもち上げてもOKです。

ぷくぷく エクササイズ

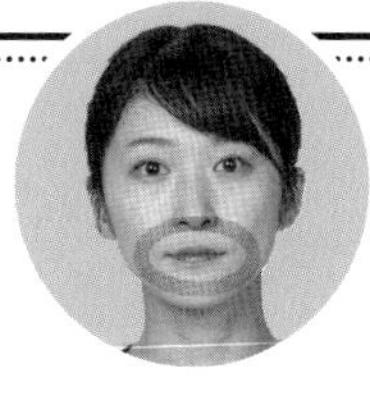

口の周辺の筋肉にアプローチするエクササイズです。
ほうれい線を内側から伸ばすイメージで行いましょう。
血行とともにリンパの流れもよくなります。

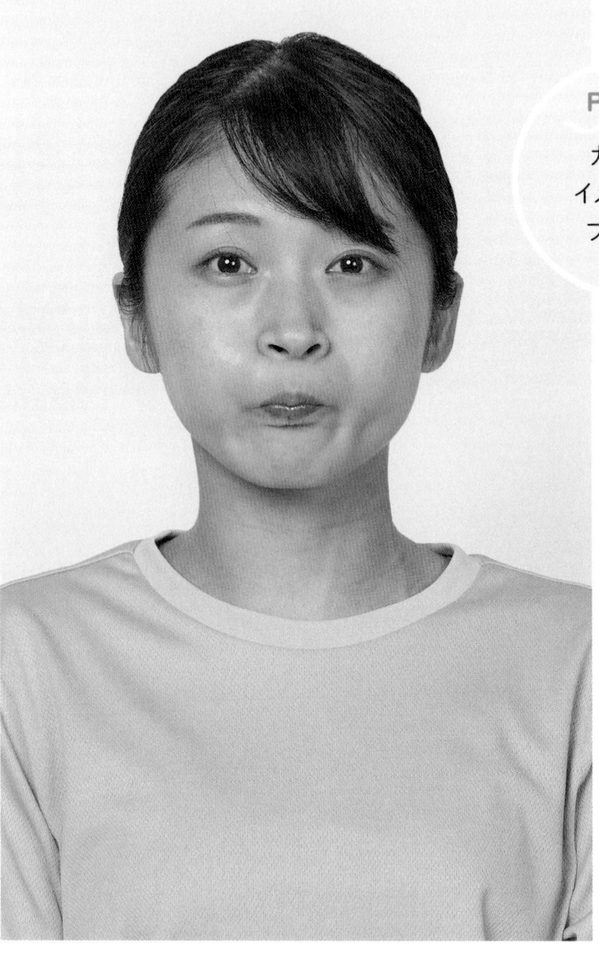

POINT!
カエルを
イメージして
プクッと！

1

口のまわりに空気を入れる

口を閉じて、口の上下左右に空気を入れて膨らませる。

2 口のなかの空気を動かす

上、下、上、下、と頭のなかでイメージしながら、
口のなかの空気を上下交互に動かす。

一度に全体が膨らまなくてもOK！　口のまわり全体が伸びるように、順番に膨らませてください。終わったら、頬が引き上がっているのが感じられるはずです。

蒸しタオルパックで筋肉にご褒美を！

6日目のプログラムは、ずばり「表情筋の筋トレ」といっても過言ではありません。「思ったよりきつかった」という人もいるでしょう。そんなときは、通常の筋トレと同じようにがんばった筋肉を労ってあげてください。

おすすめなのは、蒸しタオルを使ったパックです。電子レンジやお湯で温めたタオルを、頬や口のまわりなどトレーニングに使ったところにやさしく当てます。あまり熱すぎると肌によくないので、じんわりあったかい程度に調整してくださいね。時間は3分程度を目安に、リラックスタイムを楽しみましょう。

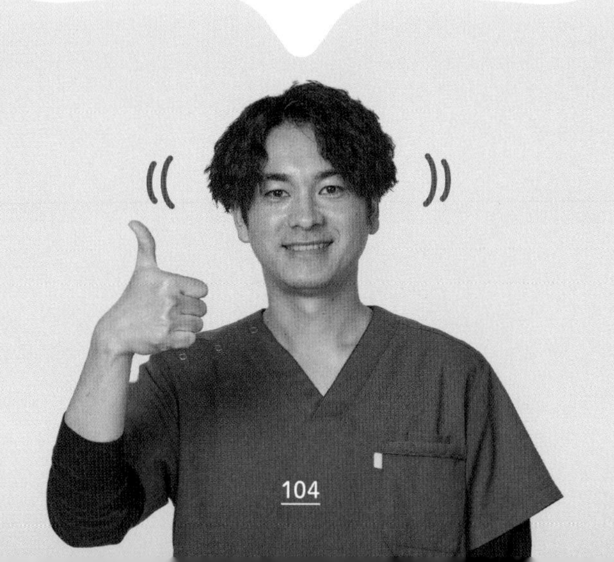

7日目

奇跡の若返り マッサージ 仕上げ

見た目が変わると自信になる！

最近は鏡を見るのが楽しくなって、前より自分の顔が好きになれた気がします
うん うん
そういってもらえたらうれしいです！
「奇跡の若返りプログラム」を始めて、前よりきれいになったよ、ミカコ
タカシ……あなたも出会った頃のよう……
アハハハハ
ウフフフフ
さぁみんなで心身ともに若返りましょう！
Fin.

首から側頭部の筋膜剥がし

側頭部から首全体を気持ちよく伸ばして、リンパの流れをよくしていきます。勢いをつけずに、ゆっくりじわ～っと伸ばしてください。

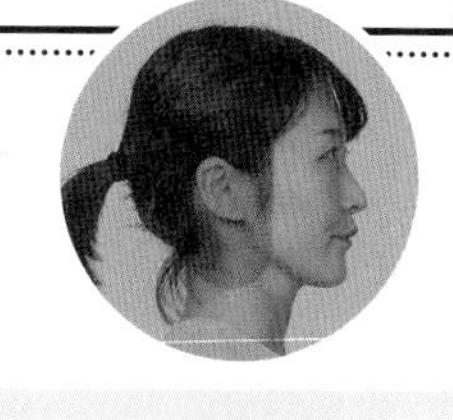

1 手の甲を背中の中心に当てる

左手を開いて、手の甲を背中の中心に当てる。

2

反対側の手で側頭部を覆う

1の位置に左手を置いたまま、右の手のひらで左側頭部を覆う。

左右それぞれ30秒間

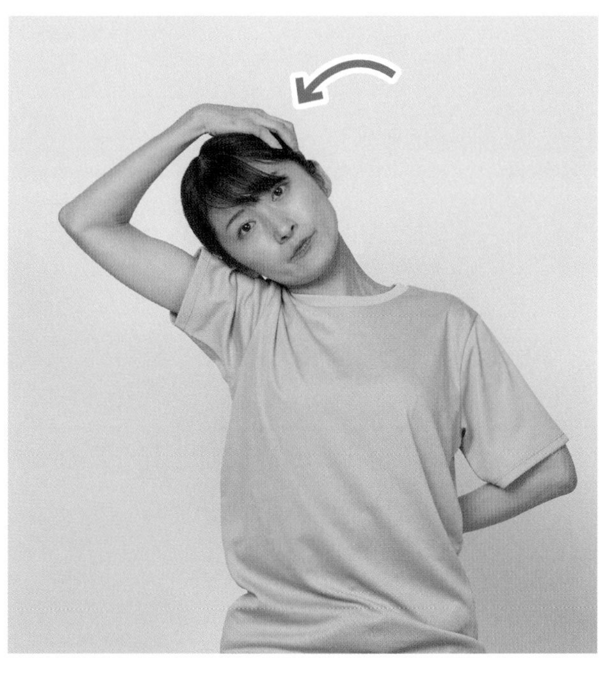

3

頭をゆっくり倒す

右手で頭を肩のほうへゆっくりと倒す。

METHOD

耳をひっぱる エクササイズ

後頭部の筋肉につながる耳に刺激を与えて、肌全体をリフトアップ！　夜、寝る前にこのエクササイズをすると、翌朝のフェイスラインがすっきりしますよ。

1 両耳を少しひっぱってもつ

親指と人差し指を使って、耳をやさしくもち、少し外側にひっぱる。

2 後頭部の方向に耳を大きく回す

1の状態から後頭部の方向に耳を大きく回す。ゆっくり、大きく回すのがポイント。

舌骨筋（ぜっこつきん）トレーニング

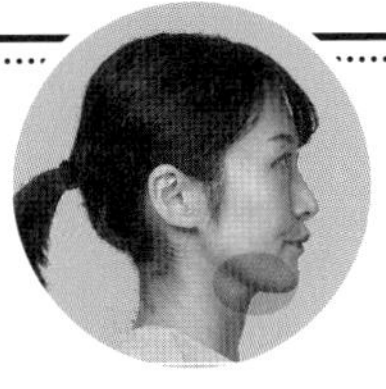

ほうれい線や目尻のしわなど、顔のしわの原因の1つになるのが皮膚のたるみ。このトレーニングでは舌骨筋を鍛えて「二重あご」を改善します。

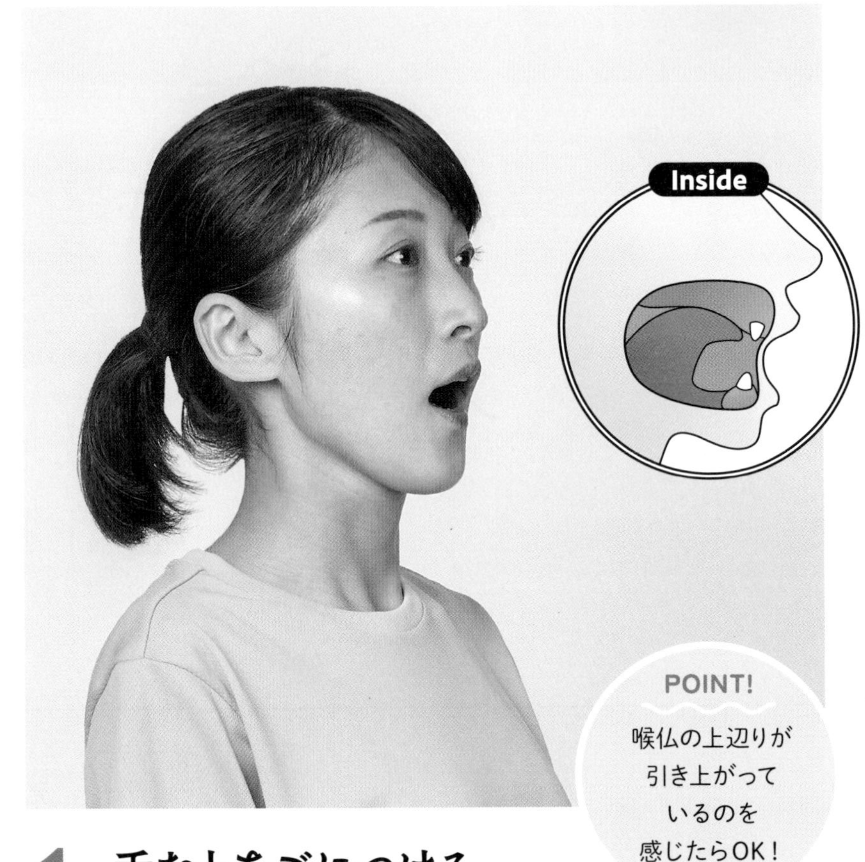

1 舌を上あごにつける

舌の上側を上あごにベタッと押しつける。

2

姿勢を正して キープ！

1の状態のまま、背筋をまっすぐ伸ばして立つ。

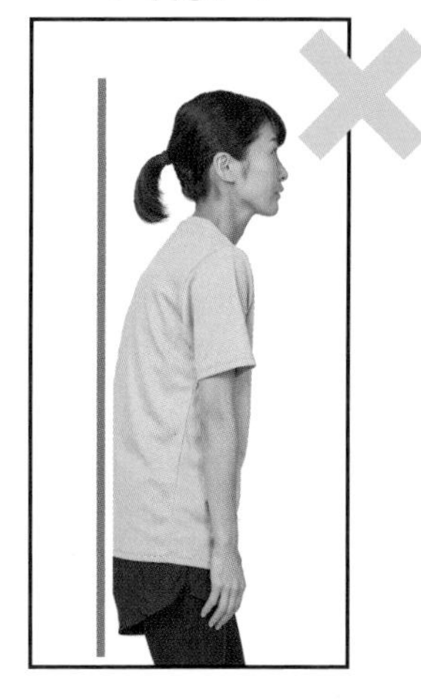

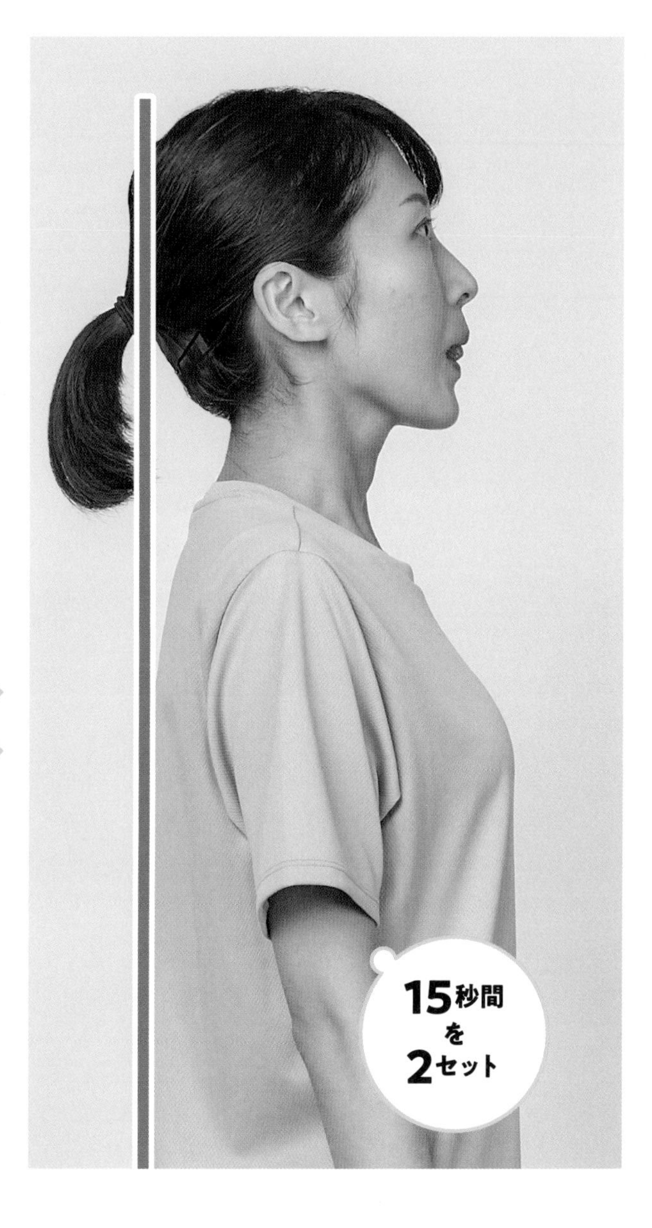

口は閉じていてもOK！　いつでもどこでもできる簡単なエクササイズなので、ぜひ日常に取り入れてみてくださいね。

頬骨矯正（ほおぼねきょうせい）トレーニング

頬骨周辺の筋肉がたるむと、顔全体の皮膚が下がってきます。リフトアップした位置に矯正しましょう。皮膚だけでなく、筋肉をもち上げるイメージで取り組んで。

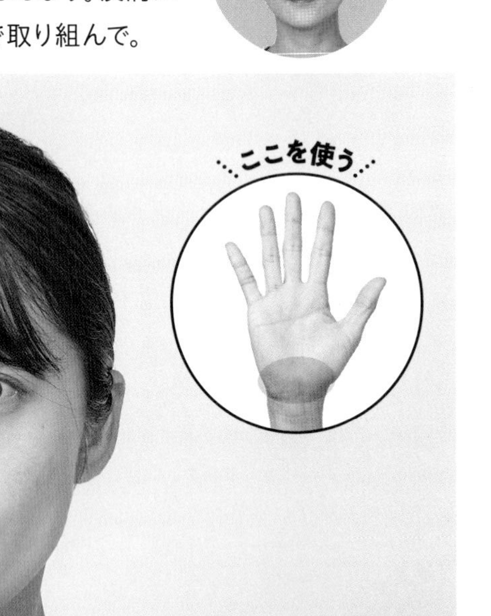

1 手のつけ根を頬骨に押し当てる

右の手のひらの一番下にある膨らみを右の頬骨に押し当てて固定する。頬骨は、笑ったときにもち上がる頬の、最も耳に近い辺り。

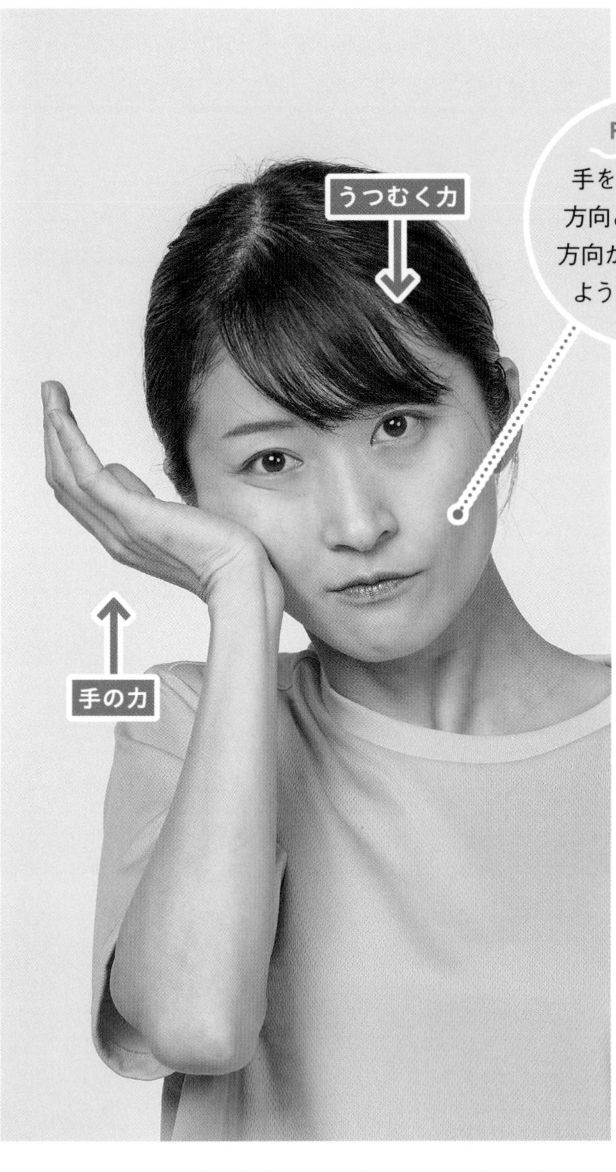

POINT!
手を引き上げる
方向と、うつむく
方向が真逆になる
ように意識して

左右
それぞれ
15秒間を
2セット

2

右手を引き上げる

少しうつむいて、右手をグッと引き上げる。手の力とうつむく力が同じくらいになるようにするのがポイント。

こすらずにじわ～っと押し上げましょう。リフトアップしたフェイスラインを筋肉に記憶させるイメージです。力を入れにくい場合、机にひじをついて固定してもOKです。

下あごまわりのストレッチ

仕上げのストレッチではフェイスラインを整えます。フェイスラインをすっきりさせたいときには、首元にアプローチ。深呼吸をしながらていねいに行いましょう。

1

口をすぼめ、手を胸に置く

口をすぼめてタコの口をつくる。手は鎖骨の下辺りにクロスさせて置く。

POINT!

手に力は入れずに、
そっと置くだけでOK！
今、手を置いているのは
鎖骨の下に
ある胸骨

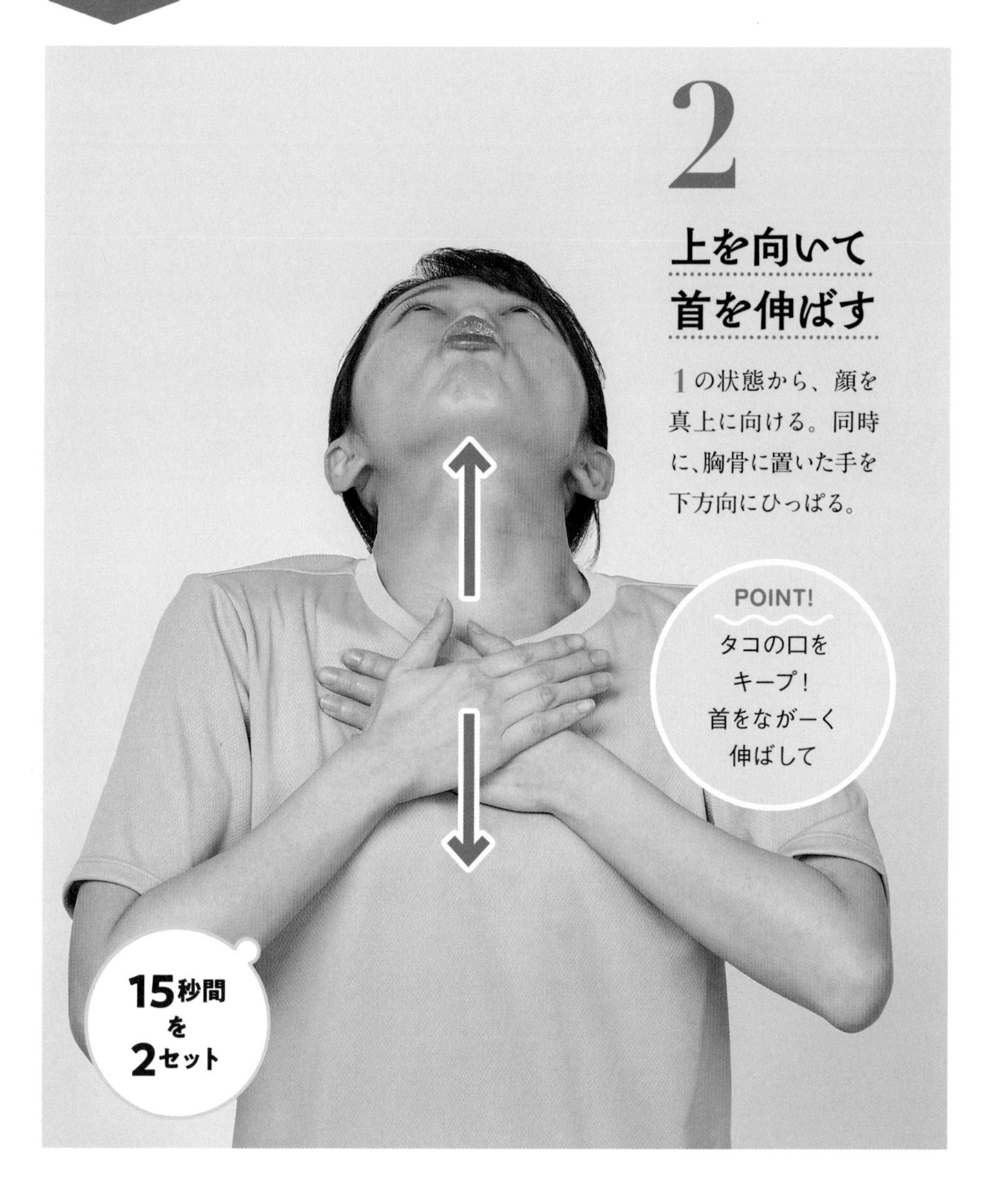

2

上を向いて首を伸ばす

1の状態から、顔を真上に向ける。同時に、胸骨に置いた手を下方向にひっぱる。

呼吸を止めるのはNG！　自然な鼻呼吸を続けてください。
呼吸に合わせて首をすーっと伸ばしましょう。

7日間をまんべんなく楽しみながら習慣に

ついに7日間のプログラムが終わりましたね。お疲れ様でした！　このあとは、また最初からプログラムをくり返してもよし、効果が高いと感じたものを重点的にこなしてもよし、ぜひ毎日の習慣にしてください。

また、この7日間プログラムは姿勢改善、首のこりやリンパ流しを経て、しわやたるみ、ほうれい線にアプローチするという流れを重要視しています。顔まわりのプログラムだけ抜き出してくり返し……としていると、効果の持続が期待できません。いろいろなプログラムを楽しみながら、続けてみてください。

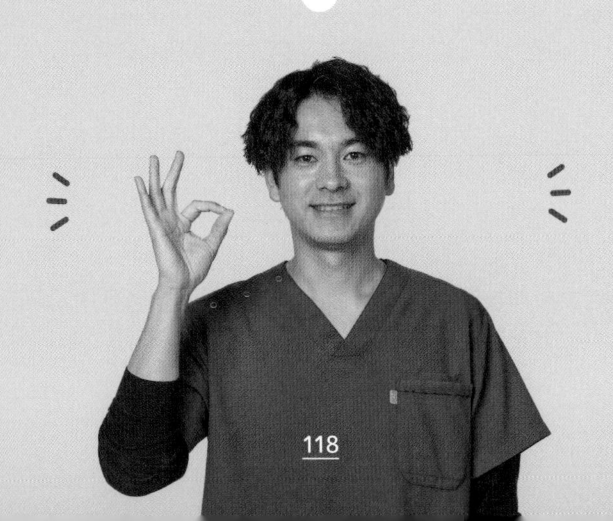

Q&A

Q どんな人でも効果はある？

A 個人差はありますがかならず変わります！

どの年代の人でも効果を実感していただけます。やってすぐ目に見える変化が出る人もいれば、継続したら変化があったという人もいるため、効果の出方には個人差があります。

効果の出方の違いの理由としては、手順が間違っている可能性もあります。本書で紹介しているマッサージやストレッチなどの手順、ポイントなどをしっかり確認して行うようにしてください。

Q 痛ければ痛いほど効いている証拠？

A 痛い＝効いているではありません。目安は痛気持ちいい

マッサージやストレッチをしたときに感じる痛み。これは体の不調を示すサインです。

その場所をケアする必要がありますが、痛ければ痛いほど効いているということではありません。むしろ強くやりすぎると、もみ返しのように体に痛みや不調が現れることも。痛気持ちいいくらいの力加減でOKです。

Q やればやるほど効果も上がる？

A 長くやっても1分！逆効果になることも

早く効いてほしいと思うばっかりに、ついつい長時間やってしまう、という人は多いかもしれませんね。ただ、長時間やればその分効果があるかというと、そうではありません。

長くやっても1分くらい。力加減と同じで、適度が大事です。あまり長時間ストレッチやマッサージを行うと、筋肉や関節を痛めてしまう可能性もあります。

Q 体がかたい人でも効果はある？

A もちろんです！できる範囲でOK

　そういう人にこそ、ストレッチはおすすめです。無理のない範囲でやってみてください。

　たとえば腕を肩の高さまで上げてひじを90度に曲げるという場合に、できないとしても極力その形に近づけるようポイントを押さえて行えばOK。痛すぎない程度で、徐々に体をならしていきましょう。

Q 1日のなかでいつやるのがいい？

A できるタイミングでやればOKですが、朝か夜がおすすめ！

やる時間を決めてしまうと、続けるのがしんどくなることも。ですので、自分のできるタイミングで行うのがよいと思います。

おすすめするのであれば、朝と夜。朝やるとむくみがすっきりした状態で1日をスタートできます。また、夜やると1日の疲れやむくみをリセットできます。

Q セルフケアをしてはいけないときはある？

A 体調が悪いときは無理せずお休みを！

頭痛や熱があるときは避けたほうがよいでしょう。そのほか体調が悪い場合も、無理して行わず、お休みすることも大切です。

妊娠中はやらないほうがよいか、という質問も多くいただきますが、体調に問題がなければ大丈夫です。ただし、体調に問題がなくても体勢的に難しいということもあると思うので、こちらも無理のない範囲で行いましょう。

Q 若返り以外にも何か効果がある？

A 肩や首のこり、老眼などにも◎

本書で紹介したストレッチやマッサージは、「若返り」をテーマに厳選しています。ですが、首や肩まわり、頭部の筋肉をほぐすので、首や肩のこりが楽になっていきます。また、目のまわりの筋肉をほぐしたり、老廃物を流したりするので、老眼に効果的なものもあります。

若返り以外にも、ダイエットや体の不調を改善するセルフケアをSNSで発信しています。気になる人はそちらものぞいてみてください。

かず先生の
若返り
セルフケア塾

おわりに

7日間のプログラムはいかがだったでしょうか？
もともと私も、慢性的な肩こりや顔のむくみに
悩まされていましたが、
若返りセルフケアを発信するようになり、
自分で若返りセルフケアを試していたら、
見た目が激変しましたね。

Before

After

自分でも写真を見比べると笑ってしまいます（笑）。

その感動を、みなさんにもぜひ体感してほしい。
まずは、自分のペースで、
簡単セルフケアを始めてみてください。
どこでも、すき間時間でできる
「奇跡の若返りプログラム」は、
簡単で続けやすいセルフケアです。
「いろんなセルフケアを試したけど長続きしない」
「自分に合ったセルフケアがわからない」
という人にも、とにかくおすすめです。
続ければ、あなたはかならず若返ることができます！

かず先生

著者　**かず先生**（かずせんせい）

整体院「紡ぎ」の院長。「世界の健康寿命を延ばす」をモットーに、現役整体師としての知識や経験を生かし、体の不調解消、若返り効果のあるストレッチやエクササイズの動画を、YouTube や TikTok、Instagram などの SNS で発信している。SNS 総フォロワー数のべ約100万人（2024年2月時点）。

■YouTube
「かず先生の若返りセルフケア塾」
https://www.youtube.com/
@seitai-tsumugi/featured

■Instagram
@seitai_tsumugi_wakayama

編集・構成　株式会社クリエイティブ・スイート
制作協力　清塚あきこ
本文デザイン　大槻亜衣
DTP　Jane Lauren（C-S）、大槻亜衣
マンガ　藤井昌子
モデル　白澤百合恵（株式会社舞夢プロ）
写真　株式会社シュガール 佐藤学ぶ
装丁デザイン　有限会社ソウルデザイン
校正　株式会社鷗来堂

みるみるほうれい線が消える！
奇跡の若返り7日間プログラム

2024年3月11日　初版発行

著　者　かず先生
発行者　山下直久
発　行　株式会社KADOKAWA
〒102-8177　東京都千代田区富士見2-13-3
電　話　0570-002-301（ナビダイヤル）
印　刷　TOPPAN株式会社
製　本　TOPPAN株式会社

ISBN 978-4-04-606525-4　C0077

●お問い合わせ
https://www.kadokawa.co.jp/（「お問い合わせ」へお進みください）
※内容によっては、お答えできない場合があります。
※サポートは日本国内のみとさせていただきます。
※Japanese text only

定価はカバーに表示してあります。